Schnellübersicht

1

2

3

4

5

6

7

8

9

Aktuelle Spielregeln für Minijobber

Seit 01.04.2003 sind die Spielregeln für Minijobs immer wieder verändert worden. Zuletzt traten zum 01.01.2019 Neuerungen für die Minijobs in Kraft, die Sie kennen müssen, damit auch Ihre Kasse stimmt. Treffen Sie schnelle und rechtssichere Entscheidungen auf dem Arbeitsmarkt. Nur so können Sie dauerhaft von den Regelungen profitieren.

Die Anzahl der Minijobs hat immer mehr zugenommen. Mittlerweile sind es rund 6,7 Millionen Minijobs. Allein in Privathaushalten sind aktuell über 360.000 Minijobber angemeldet.

Was es für Sie als Arbeitnehmer bedeutet

Entscheidend ist, was unter dem Strich übrig bleibt. Wichtig sind die Rechte, die Ihnen das Arbeitsrecht zubilligt. Urlaubsansprüche und Entgeltfortzahlung im Krankheitsfall müssen die Chefs auch einem Minijobber zahlen. Vorteilhaft ist insbesondere die Gleitzone bis 850 EUR – bzw. bis 1.300 EUR ab dem 01.07.2019 – (Midijob), wenn Sie mehr als 450 EUR verdienen. Sie können die Vorteile auch neben einem Hauptberuf realisieren.

Was es für Sie als Arbeitgeber bedeutet

Als Arbeitgeber haben Sie gegenüber Ihren Arbeitnehmern Aufklärungspflichten. Ferner gibt es eine Minijob-Zentrale, bei der Sie Ihre Meldungen abgeben müssen. Dieses Buch zeigt Ihnen, wie Sie den Überblick behalten. Seit über zehn Jahren gelten verschärfte Bedingungen hinsichtlich der Prüfung, ob Ihr Arbeitnehmer keine weiteren Minijobs ausübt.

Lernen Sie die aktuellen Spielregeln – sei es als Arbeitnehmer oder als Arbeitgeber; Sie werden erkennen, wo die Chancen liegen, wie Sie Risiken vermeiden und welche Gestaltungen möglich sind.

Irmelind R. Koch

Abkürzungen

AAG	Gesetz über den Ausgleich der Arbeitgeberaufwendungen
EStG	Einkommensteuergesetz
Kug	Kurzarbeitergeld
SGB I	Sozialgesetzbuch – Erstes Buch (Allgemeine Vorschriften des Sozialgesetzbuches)
SGB II	Sozialgesetzbuch – Zweites Buch (Grundsicherung für Arbeitsuchende)
SGB III	Sozialgesetzbuch – Drittes Buch (Arbeitsförderung)
SGB IV	Sozialgesetzbuch – Viertes Buch (Allgemeine Vorschriften für die Sozialversicherung)
SGB V	Sozialgesetzbuch – Fünftes Buch (Gesetzliche Krankenversicherung)
SGB VI	Sozialgesetzbuch – Sechstes Buch (Gesetzliche Rentenversicherung)
SGB IX	Sozialgesetzbuch – Neuntes Buch (Rehabilitation und Teilhabe behinderter Menschen)
WAG	Winterausfallgeld

Was jeder wissen sollte

1

Kurz und bündig: Aktuelle Regelungen

Der Eindruck ist richtig: Die Minijobs sind in den letzten Jahren immer wieder neu geregelt worden. Schon seit 01.04.2003 gelten die von der „Hartz-Kommission" entwickelten Konzepte. Auf den ersten Blick sehen die Regelungen alles andere als einfach aus. Stellen Sie sich dennoch auf die Regelungen ein, damit Sie alle Vorteile nutzen können.

Grundsätzlich muss der Arbeitgeber bei den Minijobs die Zeche zahlen. Allerdings wollen das nicht alle Arbeitgeber wahrhaben und schieben die Last der Pauschalbeiträge allein den Arbeitnehmern zu. Das ist allerdings nicht zulässig. Teilweise gehen Arbeitgeber davon aus, es könne arbeitsrechtlich völlig frei zwischen Arbeitnehmer und Arbeitgeber vereinbart werden, wer die Lasten zahlt. Das ist jedoch unzutreffend. Wälzt der Arbeitgeber die zu zahlenden Pauschalbeiträge zur Kranken- und Rentenversicherung auf den Arbeitnehmer ab, ist das eine Ordnungswidrigkeit. Sie kann mit einer Geldbuße geahndet werden! Das gilt selbst dann, wenn der Arbeitnehmer der Abwälzung der Pauschalbeiträge zugestimmt hat. Solche Vereinbarungen verstoßen gegen geltendes Recht und sind deshalb nichtig. Weisen Sie Ihren Arbeitgeber auf § 32 SGB I hin.

Auf einen Blick

- Eine geringfügige Beschäftigung können Sie bis zu einer Entgeltgrenze von einheitlich 450 EUR ausüben.

- Als Arbeitnehmer können Sie neben einer Hauptbeschäftigung auch einen Minijob haben. Der Minijob wird nicht durch Zusammenrechnung mit der Hauptbeschäftigung sozialversicherungspflichtig.

- Auch beim Minijob können Sie flexible Arbeitszeiten vereinbaren.

- Als Arbeitgeber zahlen Sie insbesondere 30 Prozent pauschale Abgaben. Davon entfallen 15 Prozent auf die gesetzliche Rentenversicherung, 13 Prozent auf die gesetzliche Krankenversicherung und 2 Prozent auf Steuern.

- Als Arbeitnehmer müssen Sie im Allgemeinen 3,6 Prozent des Arbeitsentgelts als Eigenanteil zur Rentenversicherung aufbringen. Das gilt jedenfalls, wenn Sie der Rentenversicherungspflicht unterliegen. Somit zahlen Sie als Arbeitnehmer die Differenz zwischen dem Pauschalbetrag des Arbeitgebers von 15 Prozent und dem vollen Rentenversicherungsbeitragssatz von 18,6 Prozent.

- Als Arbeitgeber im privaten Haushalt zahlen Sie im Wesentlichen nur 12 Prozent. Davon entfallen je 5 Prozent auf die gesetzliche Rentenversicherung und gesetzliche Krankenversicherung sowie 2 Prozent auf Steuern. Für Sie als Arbeitnehmer bedeutet das, dasss Sie bei vorliegender Rentenversicherungspflicht einen Eigenanteil zur Rentenversicherung von 13,6 Prozent des Arbeitsentgelts aufbringen müssen.

- Bei den sogenannten kurzfristigen Beschäftigungen ist das Kalenderjahr maßgebend. Auf das Beschäftigungsjahr kommt es somit nicht an.

- Es gibt eine zentrale Meldestelle. Diese Aufgabe hat die „Minijob-Zentrale" der Deutschen Rentenversicherung Knappschaft-Bahn-See.

- Für Einkommen zwischen 450,01 EUR und 850 EUR gilt die sogenannte Gleitzone. Dabei haben Sie als Arbeitnehmer ebenfalls Beiträge zu leisten. Sie steigen linear auf den hälftigen Arbeitnehmerbeitrag an. Gleichzeitig haben Arbeitnehmer ab einem Entgelt von 450,01 EUR volle Leistungsansprüche in der Sozialversicherung. Ab dem 01.07.2019 heißt die Gleitzone „Übergangsbereich" und ist für Einkommen bis maximal 1.300 EUR ausgeweitet worden.

Hinweis: Vor dem 01.01.2013 war die Gleitzone für ein Einkommen zwischen 400,01 EUR und 800 EUR vorgesehen.

Praxis-Tipp:
Wenn Sie als Arbeitnehmer „versicherungsfrei" sind, weil Sie eine geringfügige Beschäftigung ausüben, bedeutet das noch lange nicht, dass in diesen Fällen auch tatsächlich niemand

1

etwas zu zahlen hat. Die Versicherungsfreiheit bezieht sich auf den Arbeitnehmer. Der Arbeitgeber muss dennoch im Allgemeinen Pauschalbeiträge zur Renten- oder Krankenversicherung zahlen. Beurteilen Sie deshalb stets alle Auswirkungen entweder aus der Sicht des Arbeitnehmers oder aus der Sicht des Arbeitgebers.

Hinweise für „alte" Minijobs vor 2013

Zum 01.01.2013 hatten sich bei den Minijobs einige erhebliche Änderungen ergeben. Die wichtigste Änderung war die Anhebung der Entgeltgrenze von bisher 400 EUR auf nunmehr 450 EUR.

Ebenso bedeutsam ist es, dass die Minijobs seitdem grundsätzlich rentenversicherungspflichtig sind. Minijobs waren vor dem 01.01.2013 in der Rentenversicherung versicherungsfrei. Diese Änderung verursachte einige Übergangsregelungen, die zum Teil noch heute von Bedeutung sind. Als Arbeitnehmer können Sie weiterhin selbst entscheiden, ob Sie Beiträge zur Rentenversicherung zahlen wollen. Denn vor dem 01.01.2013 konnten Sie auf die Versicherungsfreiheit verzichten, um Ihre Rente aufzubessern. Und heute können Sie auf die Rentenversicherungspflicht verzichten, wenn Sie lieber mehr Bares in der Tasche haben wollen.

Im Wesentlichen gelten bereits seit dem 01.01.2013 folgende Neuregelungen:

- Die Arbeitsentgeltgrenze für Minijobs wurde vom 01.01.2013 von bisher 400 EUR auf 450 EUR angehoben.

- Minijobs sind grundsätzlich rentenversicherungspflichtig, wenn die Beschäftigung nach dem 31.12.2012 aufgenommen wurde. Allerdings hat der Arbeitnehmer die Möglichkeit, die Befreiung von der Rentenversicherungspflicht zu beantragen.

- Der Arbeitgeber ist verpflichtet, einen eventuellen Antrag seines Arbeitnehmers auf Befreiung von der Rentenversicherungspflicht zu den Entgeltunterlagen zu nehmen.

- Sofern ein „alter Minijob", der bereits vor dem 01.01.2013 aufgenommen wurde, die alte Entgeltgrenze von 400 EUR auch im Jahr 2013 nicht überschreitet, gelten die alten Regelungen weiter. Das bedeutet, der alte Minijob ist weiterhin grundsätzlich rentenversicherungsfrei, wobei der Arbeitnehmer die Möglichkeit hat, auf die Rentenversicherungsfreiheit zu verzichten.

- Sofern Sie als Arbeitnehmer bei einem „alten Minijob" auf die Rentenversicherungsfreiheit verzichtet haben, bleibt es auch 2013 dabei. Sie haben im Übrigen in diesen Fällen auch keine Möglichkeit, wieder die Rentenversicherungsfreiheit zu beantragen. Mit diesem Minijob bleiben Sie rentenversicherungspflichtig.

- Die Grundlage für die Bemessung des Mindestbeitrags in der Rentenversicherung beträgt aktuell 175 EUR im Monat. Dabei handelt es sich um die „Mindestbeitragsbemessungsgrundlage".

- In der Gleitzone gilt ein Bestandsschutz. Hier spricht man von sogenannten Midijobs. Bisher schon waren Midijobber mit einem Arbeitsentgelt von 400,01 EUR bis 450 EUR zwar sozialversicherungspflichtig. Allerdings konnten Sie als Arbeitnehmer in dieser Gleitzone von einer günstigeren Beitragsverteilung profitieren. Die Midijobs blieben über den 31.12.2012 hinaus bis zum 31.12.2014 sozialversicherungspflichtig. Allerdings können Sie sich auf Antrag von der Versicherungspflicht in der Kranken- und Arbeitslosenversicherung befreien lassen. Die Versicherungsfreiheit in der Krankenversicherung ergibt sich dabei kraft Gesetzes, wenn eine Familienversicherung besteht. Die Möglichkeit einer Befreiung in der Rentenversicherung ergibt sich dagegen erst ab dem 01.01.2015. Das bedeutet: Die bisherige Gleitzonenformel zur Berechnung der Beiträge bis 31.12.2014 bleibt für die bestandsgeschützten Midijobs bestehen.

- Neu ab 01.01.2019: Kurzfristig ist eine Beschäftigung, wenn eine Dauer von drei Monaten bzw. 70 Tagen nicht überschritten wird. Bisher waren zwei Monate bzw. 50 Tage maßgebend.

- Neu ab 01.07.2019: Die bisherige „Gleitzone" bis 850 EUR wird durch den „Übergangsbereich" bis 1.300 EUR ersetzt.

1

Hinweis: Sofern das Arbeitsentgelt bei einem „alten Minijob" vor dem 01.01.2015 die alten Grenzen überschreitet, entfallen die Bestandsschutzregelungen bereits vorher. Folge: Der Minijob unterliegt grundsätzlich der Rentenversicherungspflicht. Allerdings haben Sie als Arbeitnehmer die Möglichkeit, sich davon befreien zu lassen.

> **Praxis-Tipp:**
>
> Obwohl die Regelungen zu den Minijobs dem Arbeitsmarkt entgegenkommen wollen, erscheinen einige Regelungen dennoch kompliziert. Dieser Ratgeber soll Ihnen helfen, die wesentlichen Grundsätze bei den Minijobs zu verstehen und anzuwenden. In Zweifelsfällen sollten Sie jedoch auch die Geringfügigkeitsrichtlinien vom 21.11.2018 einsehen, die von den Spitzenverbänden der Sozialversicherung herausgegeben wurden.

Geringfügige Beschäftigungen – die sogenannten Minijobs

Das Sozialgesetzbuch unterscheidet zwei verschiedene „geringfügige Beschäftigungen" oder kurz „Minijobs":

- Geringfügig entlohnter Minijob:

  Das ist eine geringfügige Beschäftigung, für die im Monat ein Entgelt bis zu 450 EUR gezahlt wird. Hierzu gehört auch ein geringfügig entlohnter Minijob im Privathaushalt mit einem monatlichen Entgelt bis zu 450 EUR.

Es spielt keine Rolle, ob das Beschäftigungsverhältnis befristet oder auf Dauer angelegt ist. Eine Begrenzung der wöchentlichen Arbeitszeit besteht nicht.

- Kurzfristiger Minijob:

  Dazu zählen insbesondere Saisonbeschäftigungen, die nach ihrer Eigenart auf längstens drei Monate im Kalenderjahr begrenzt sind. Wird weniger als fünf Arbeitstage in der Woche gearbeitet, muss die Beschäftigung auf höchstens 70 Arbeitstage im Kalenderjahr begrenzt sein.

Praxis-Tipp:

Für Sie als Arbeitnehmer sind alle Minijobs sozialversicherungsfrei. Der Arbeitgeber muss grundsätzlich Pauschalbeiträge an die Renten- und Krankenversicherung zahlen und eine Pauschsteuer abführen. Bei den geringfügig entlohnten Minijobs zahlt der Arbeitgeber insgesamt 30 Prozent. Bei den Minijobs im Privathaushalt zahlt er nur 12 Prozent. Bei den kurzfristigen Minijobs zahlt der Arbeitgeber nichts.

Geringfügigkeitsgrenze von 450 EUR

Es kommt entscheidend auf den regelmäßigen monatlichen Bruttoverdienst an, wenn Sie die Geringfügigkeitsgrenze von 450 EUR einhalten wollen. Zu diesem „regelmäßigen" monatlichen Bruttoverdienst gehören aber auch solche einmalige Einnahmen, die Ihnen mit hinreichender Sicherheit mindestens einmal jährlich ausgezahlt werden.

Deshalb erhöht sich Ihr monatliches Arbeitsentgelt beispielsweise um:

- das Urlaubsgeld
- das Weihnachtsgeld

Praxis-Tipp:

Eine Jubiläumszuwendung brauchen Sie bei der Ermittlung des regelmäßigen Arbeitsentgelts nicht einzubeziehen. Grund: Es handelt sich nicht um eine jährlich wiederkehrende Zahlung.

Nur sofern Sie als Arbeitnehmer schriftlich auf die Zahlung einer einmaligen Einnahme verzichtet haben, braucht dieser Betrag bei der Ermittlung des regelmäßigen Arbeitsentgelts nicht hinzugerechnet zu werden. Allerdings ist es arbeitsrechtlich fraglich, ob ein derartiger Verzicht überhaupt zulässig ist.

Wichtig: Die 450-Euro-Grenze gilt sowohl in den alten als auch in den neuen Bundesländern.

1 So rechnen Sie, wenn der Minijob im Laufe eines Monats beginnt

Falls Sie Ihren Minijob im Laufe eines Kalendermonats aufnehmen, gilt nicht die volle 450-Euro-Grenze. Sie können nur von einem anteiligen Betrag ausgehen.

Berechnen Sie den anteiligen Betrag nach dieser Formel:

$$\frac{450 \text{ EUR} \times \text{Kalendertage}}{30} = \text{anteiliger Monatswert}$$

Rechnen Sie steuerfreie Aufwandsentschädigungen heraus

Steuerfreie Aufwandsentschädigungen werden bis zu einem Betrag von 2.400 EUR im Kalenderjahr (ab 01.01.2013) nicht dem regelmäßigen Arbeitsentgelt hinzugerechnet. Das entspricht einem monatlichen Betrag von 200 EUR. Ist die Aufwandsentschädigung höher, fallen – sofern nicht Versicherungspflicht eintritt – die üblichen Pauschalabgaben an.

Hinweis: Mit dem Gesetz zur Stärkung des Ehrenamts (Ehrenamtsstärkungsgesetz) sind die jährlichen Steuerfreibeträge für nebenberufliche Tätigkeiten im gemeinnützigen Bereich angehoben worden. Das Gesetz sieht folgende Pauschalen vor:

- Die Übungsleiterpauschale beträgt 2.400 EUR.
- Die Ehrenamtspauschale beträgt 720 EUR.

Damit bleiben entsprechende Tätigkeiten bis zu den neuen Höchstgrenzen steuerfrei. Diese steuerfreien Aufwandsentschädigungen haben auch Auswirkungen auf das Sozialversicherungsrecht. Dennoch liegt dort bis zum Höchstbetrag kein Arbeitsentgelt vor. Das bedeutet, es fallen keine Beiträge zur Renten-, Kranken-, Arbeitslosen- und Pflegeversicherung an.

Steuerfreie Aufwandsentschädigungen kommen beispielsweise in Betracht für:

- nebenberufliche künstlerische Tätigkeit

- nebenberufliche Tätigkeit als Ausbilder

- nebenberufliche Tätigkeit als Betreuer

- nebenberufliche Tätigkeit als Erzieher

- nebenberufliche Tätigkeit als Übungsleiter in Sportvereinen

- Pflege alter Menschen

- Pflege behinderter Menschen

- Pflege kranker Menschen

Der steuerfreie Jahresbetrag von 2.400 EUR kann zeitanteilig angesetzt werden (z. B. monatlich mit 200 EUR) oder im ganzen Block (z. B. jeweils zum Jahresbeginn oder zu Beginn der Beschäftigung).

Beispiel:

Eine Hausfrau ist über ihren Mann familienversichert. Sie arbeitet nebenberuflich als Lehrerin. Das monatliche Arbeitsentgelt beträgt 620 EUR. Von dem Arbeitsentgelt wird ein Betrag von 200 EUR als Aufwandsentschädigung abgezogen.

Die Hausfrau ist mit ihrer nebenberuflichen Lehrtätigkeit versicherungsfrei, weil das monatliche Arbeitsentgelt 450 EUR nicht übersteigt. Grund: Die steuerfreie Aufwandsentschädigung darf auch bei der Ermittlung der 450-Euro-Grenze abgezogen werden. Der Arbeitgeber muss den Pauschalbeitrag zur Kranken- und Rentenversicherung zahlen.

Orientieren Sie sich

Als Arbeitnehmer profitieren Sie vom 450-Euro-Job nur, wenn Sie einen klaren Überblick über die rechtlichen Konsequenzen haben. Als Arbeitgeber brauchen Sie erst recht eine klare Orientierung, um Ihre Kosten auf ein Minimum zu drücken.

Bei den 450-Euro-Jobs müssen Sie sowohl als Arbeitgeber als auch als Arbeitnehmer die Auswirkungen im

- Sozialversicherungsrecht und
- Steuerrecht

1

unterscheiden. Dabei folgt das Steuerrecht hinsichtlich der Voraussetzungen für einen 450-Euro-Job grundsätzlich den Regelungen der Sozialversicherung. Eine geringfügige Beschäftigung wird im Steuerrecht deshalb erst angenommen, wenn die sozialversicherungsrechtlichen Voraussetzungen erfüllt sind.

Insbesondere in diesen Fällen sind 450-Euro-Jobs für Sie interessant:

Checkliste: Wann 450-Euro-Jobs für Sie gelten
<ul><li>Aushilfen</li><li>Aushilfen in Eisdielen</li><li>Aushilfen in Ferienhotels</li><li>Aushilfsverkäufer</li><li>Bedienungen auf dem Oktoberfest, auf Wein- oder Stadtfesten</li><li>Chorleiter in Vereinen</li><li>Gaststättengewerbe</li><li>Gebäudereiniger</li><li>Heizungsableser</li><li>Hotelbetriebe</li><li>Jahrmarkt-Arbeitskräfte</li><li>Messetätigkeiten</li><li>Prospektverteiler</li><li>Saisonbetriebe</li><li>Taxifahrer</li><li>Trainer in Sportvereinen</li><li>Übungsleiter mit Betreuungsangeboten für Kinder, Jugendliche oder alle Altersgruppen</li></ul>

- Verlage
- Vertretungen bei Urlaubsabwesenheiten oder in Krankheitsfällen
- Weihnachtsmarkt-Arbeitskräfte
- Zeitungsauslieferer
- Zeitungsverlage

Praxis-Tipp:

Bei Streitigkeiten und Zweifelsfragen sollten Sie sich auf die sogenannten Geringfügigkeitsrichtlinien beziehen. Dort sind die aktuellen Regelungen zusammengefasst, die sich aus dem Gesetz ergeben und versicherungs-, beitrags- und melderechtliche Auswirkungen haben. Die Geringfügigkeitsrichtlinien sind unter anderem vom GKV-Spitzenverband, der Deutschen Rentenversicherung Bund, der Deutschen Rentenversicherung Knappschaft-Bahn-See und der Bundesagentur für Arbeit beraten und erstellt worden. Zuletzt wurden sie am 21.11.2018 herausgegeben.

Anmelden lohnt sich

Für Sie als Arbeitgeber kann die Anmeldung eines Minijobbers unter dem Strich vorteilhaft sein. Zwar müssen Sie Pauschalbeträge zahlen, allerdings erhalten Sie auch einen Steuervorteil von 20 Prozent der Gesamtausgaben. Deshalb müssen Sie alle Aspekte berücksichtigen, damit Sie die richtigen Entscheidungen treffen.

Beispiel:

Eine Haushaltshilfe soll monatlich 15 Stunden im Haushalt arbeiten und dafür 10 EUR pro Stunde erhalten.

Monatsverdienst der Haushaltshilfe	150,00 EUR

Monatliche Abgabe an die Minijob-Zentrale:

Krankenversicherung	5,0 %
Rentenversicherung	5,0 %
Pauschsteuer	2,0 %

1

Unfallversicherung		1,6 %
Arbeitgeberversicherung Krankheit/Mutter-schutz		1,14 %
Summe:		**14,74 %**

Beitragsberechnung:

14,74 % × 150 EUR	=	22,11 EUR
Gesamtaufwendungen	=	172,11 EUR
Steuervorteil: 20 % × 172,11 EUR	=	**34,42 EUR**

Somit ist für Sie als Arbeitgeber der Steuervorteil unter dem Strich größer als der Betrag, den Sie als Beitrag an die Minijob-Zentrale zahlen müssen. Beachten Sie, dass der Steuervorteil bei einer Beschäftigung im Haushalt auf 510 EUR pro Kalenderjahr beschränkt ist.

Mit der „Zusammenrechnung" richtig kalkulieren

Die Sonderregelungen für die geringfügige Beschäftigung waren zum Teil auch Brennpunkt der Kritik. Ein besonderer Dorn im Auge war dabei insbesondere, dass Ladenketten systematisch die Sozialversicherungspflicht für ihre gesamte Belegschaft teilweise umgingen, weil sie nahezu ausschließlich mit geringfügig Beschäftigten arbeiteten. Dadurch musste die Sozialversicherung Nachteile hinnehmen.

Deshalb ist die Zusammenrechnung mit einem versicherungspflichtigen Hauptberuf zwar noch mit **einem** Minijob begünstigt. Jedoch unterliegt ein weiterer Minijob dem normalen Abgabesystem. Das gilt auch, wenn Sie zwei Minijobs angenommen haben, mit denen Sie insgesamt die Entgeltgrenze zwar nicht überschreiten, jedoch nur für einen Arbeitgeber tätig werden.

Praxis-Tipp:

Im Gesetz werden die 450-Euro-Jobs als „geringfügig entlohntes Beschäftigungsverhältnis" oder als „geringfügige Beschäftigung" bezeichnet.

Pflichten des Arbeitgebers

Als Arbeitgeber haben Sie gegenüber Ihren Arbeitnehmern arbeitsrechtliche Pflichten zu erfüllen. Dabei spielt es keine Rolle, ob Sie einen hauptberuflichen Arbeitnehmer oder einen Minijobber beschäftigen.

1

> **Praxis-Tipp:**
>
> Für den Arbeitgeber kann es sinnvoll sein, 450,01 EUR zu zahlen. Grund: Der Pauschalbeitrag beträgt für den Arbeitgeber in diesem Fall nicht mehr rund 50 Prozent, sondern nur noch rund 21 Prozent. Der Arbeitgeber teilt sich die Zahlungspflicht mit dem Arbeitnehmer, der zusätzlich Pauschalbeiträge zu zahlen hat, weil er sich in der sogenannten Gleitzone bis 850 EUR befindet. Man spricht vom sogenannten „Midijob". Das gilt ab dem 01.07.2019 bis zu einem Betrag von 1.300 EUR im sogenannten Übergangsbereich.

Sie müssen Ihrem Arbeitnehmer insbesondere

- bei unverschuldeter Arbeitsunfähigkeit wegen Krankheit bis zu sechs Wochen lang das Entgelt weiterzahlen. Dabei hat der Arbeitnehmer Anspruch auf das ihm regelmäßig zustehende Arbeitsentgelt.

- Erholungsurlaub gewähren und bezahlen. Dem Arbeitnehmer steht der gesetzliche Mindesturlaub zu. Das entspricht einer Freistellung von der Arbeitspflicht für mindestens vier Wochen im Jahr.

- das Arbeitsentgelt weiterzahlen, wenn Arbeitszeit wegen eines gesetzlichen Feiertages ausfällt.

- das Arbeitsentgelt weiterzahlen, wenn Ihr Arbeitnehmer für eine verhältnismäßig nicht erhebliche Zeit persönlich verhindert ist. Das wäre beispielsweise in diesen Fällen denkbar:

  - Der Arbeitnehmer heiratet.

  - Der Arbeitnehmer ist wegen einer schweren Erkrankung eines nahen Angehörigen verhindert.

1

- – Der Arbeitnehmer muss einen gerichtlichen Termin wahrnehmen.
- – Der Ehepartner des Arbeitnehmers ist verstorben.
- – Ein Arztbesuch ist nicht verschiebbar.

Praxis-Tipp:

Händigen Sie Ihrem Arbeitnehmer zu Beginn des Arbeitsverhältnisses, spätestens einen Monat danach, eine Niederschrift über die wesentlichen Arbeitsbedingungen aus. Dazu sind Sie durch das Gesetz über den Nachweis der für ein Arbeitsverhältnis geltenden wesentlichen Bedingungen verpflichtet.

Wichtig: Ihre Nachweispflicht müssen Sie gegenüber allen Arbeitnehmern erfüllen. Ausnahme: Sie stellen eine Aushilfe nur vorübergehend für die Dauer von höchstens einem Monat ein.

In die Niederschrift über die wesentlichen Arbeitsbedingungen müssen Sie zumindest diese Angaben aufnehmen:

- ▪ Name und Anschrift des Arbeitnehmers und des Arbeitgebers.
- ▪ Wann ist das Arbeitsverhältnis aufgenommen worden? Sofern das Arbeitsverhältnis befristet ist, müssen Sie auch die voraussichtliche Dauer angeben.
- ▪ Wo befindet sich die Arbeitsstätte? Sofern mehrere Arbeitsorte in Betracht kommen, ist auch dies festzuhalten.
- ▪ Die Arbeitsleistung, die der Arbeitnehmer zu erbringen hat, ist darzustellen und zu beschreiben.
- ▪ Legen Sie fest, wie hoch das Arbeitsentgelt ist und wann es ausgezahlt wird. Ferner sind eventuelle Zulagen oder Zuschläge aufzuführen.
- ▪ Legen Sie fest, welche Arbeitszeit Sie vereinbart haben.
- ▪ Legen Sie fest, wie lange der jährliche Erholungsurlaub dauert.
- ▪ Legen Sie fest, welche Kündigungsfristen gelten.
- ▪ Nehmen Sie einen allgemeinen Hinweis auf geltende Tarifverträge auf.

- Nehmen Sie einen allgemeinen Hinweis auf geltende Dienstvereinbarungen auf.

- Nehmen Sie einen allgemeinen Hinweis auf geltende Betriebsvereinbarungen auf.

- Fragen Sie Ihren Arbeitnehmer ausdrücklich danach, ob er weitere Minijobs ausübt, denn die Minijobs müssen zusammengerechnet werden. Dokumentieren Sie das schriftlich. Wenn Sie es vorsätzlich oder grob fahrlässig versäumen, den Sachverhalt für die versicherungsrechtliche Beurteilung aufzuklären, müssen Sie die Pflichtbeiträge nachträglich zahlen. Dass diese Ordnungswidrigkeit mit Geldbußen geahndet werden kann, ist mittlerweile seitens des Gesetzgebers klargestellt worden.

- Bis einschließlich 2012 war noch ein Hinweis innerhalb der schriftlichen Unterlage erforderlich, dass Ihr Arbeitnehmer als geringfügig Beschäftigter in der gesetzlichen Rentenversicherung die Stellung eines versicherungspflichtigen Arbeitnehmers erwerben kann. Dazu musste er auf die Versicherungsfreiheit durch Erklärung gegenüber dem Arbeitgeber verzichten.

- Da die Minijobs seit 2013 grundsätzlich rentenversicherungspflichtig sind, entfällt hier die bisherige Hinweispflicht des Arbeitgebers. Er braucht den Arbeitnehmer auch nicht darauf hinweisen, dass er auf die Rentenversicherungspflicht verzichten kann.

Praxis-Tipp:

Sie sind von der Nachweispflicht befreit, wenn Sie mit dem Arbeitnehmer einen Arbeitsvertrag schriftlich abschließen. Allerdings muss der Arbeitsvertrag in diesem Fall alle Angaben enthalten, die das Nachweisgesetz fordert.

Vorsicht „Phantomlohn"

Vorsicht ist geboten, wenn der Arbeitgeber einen Lohn zahlt, der unter dem Tariflohn liegt. Anders als im Steuerrecht richtet sich die Versicherungs- und Beitragspflicht nach dem tariflich

1

geschuldeten Mindestentgelt. So hat das Bundessozialgericht in mehreren Urteilen entschieden.

In den Klagefällen bezogen Aushilfskräfte einen Lohn, der unter der maßgebenden Minijob-Grenze lag, obwohl sie nach dem allgemein verbindlichen Tarifvertrag einen höheren Lohnanspruch hatten. Dies wurde im Rahmen einer Betriebsprüfung festgestellt und führte als sogenannter „Phantomlohn" zur Versicherungspflicht mit entsprechenden Beitragszahlungen.

> **Praxis-Tipp:**
> Verstöße gegen das Beitrags- und Meldeverfahren können als Ordnungswidrigkeit mit einem Bußgeld von bis zu 50.000 EUR geahndet werden. Als Arbeitgeber sind Sie verpflichtet, die Versicherungsverhältnisse des jeweiligen Arbeitnehmers zu prüfen und zu beurteilen.

Mindestlohn

Beachten Sie unbedingt auch alle Regelungen zum Mindestlohn. Seit 2019 gilt ein Mindestlohn von 9,19 EUR, der ab 2020 auf mindestens 9,35 EUR pro Stunde erhöht wird.

Wichtig: Bei der Zahlung des Mindestlohns kann es dazu kommen, dass Ihr Arbeitnehmer bei einer Erhöhung des Mindestlohns nicht mehr so lange arbeiten darf, wie vor der Erhöhung.

> **Beispiel:**
> Sie haben Ihrem Arbeitnehmer im Jahr 2018 den gesetzlichen Mindestlohn von 8,84 EUR pro Stunde gezahlt. Pro Monat leistete der Arbeitnehmer 50 Arbeitsstunden und erzielte ein Arbeitsentgelt von insgesamt 442 EUR pro Monat. Würde der Arbeitnehmer im Jahr 2019 unverändert 50 Stunden im Monat arbeiten, würde er bei einem Mindestlohn von 9,19 EUR pro Stunde auf insgesamt 459,50 EUR kommen und wäre damit kein Minijobber mehr. Der Arbeitnehmer darf 2019 also nur noch höchstens 48,9 Stunden arbeiten. So bleibt der Arbeitnehmer mit einem Entgelt von 449,39 EUR unter der Minijob-Grenze.

Flexible Arbeitszeitregelungen

Dazu können Arbeitszeitkonten zum Aufbau von Wertguthaben geführt werden.

Bereits seit 01.01.2009 sind flexible Arbeitszeitregelungen auch für den Minijob möglich. In der Praxis sind solche flexible Arbeitszeitregelungen von Bedeutung, bei denen mit Gleitzeit- oder Jahreszeitkonten trotz unterschiedlicher Arbeitsauslastung ein verstetigtes Gehalt vereinbart wird. Auf diese Weise können betriebliche Produktions- und Arbeitszeitzyklen ausgeglichen werden.

1

Der Beitragspflicht unterliegt ausschließlich das ausgezahlte vertraglich geschuldete verstetigte Arbeitsentgelt. Die tatsächlich im Rahmen einer geringeren oder höheren Arbeitszeit erbrachte Arbeitsleistung ist davon unabhängig.

Bei kurzfristigen Beschäftigungen ist eine Wertguthabenvereinbarung nicht möglich, weil die versicherungsfreie kurzfristige Beschäftigung im Voraus auf einen kurzen Zeitraum begrenzt wird.

Wichtig: Die sonstigen flexiblen Arbeitszeitregelungen für geringfügig Beschäftigte müssen neben dem Aufbau von Zeitguthaben auch deren tatsächlichen Abbau ermöglichen. Ist der Abbau eines Zeitguthabens von vornherein nicht beabsichtigt, ist die Arbeitszeitvereinbarung sozialversicherungsrechtlich irrelevant. In diesen Fällen wäre – unabhängig von der Führung eines Arbeitszeitkontos – vom Beginn der Beschäftigung an der versicherungs- und beitragsrechtlichen Beurteilung das tatsächlich erarbeitete Arbeitsentgelt zugrunde zu legen.

Bei flexibler Arbeitszeit muss sichergestellt sein, dass die Geringfügigkeitsgrenze nicht überschritten wird. Dazu ist eine vorausschauende Jahresbetrachtung anzustellen. Hierbei ist nicht nur der Lohnanspruch, sondern auch das zu erwartende Arbeitszeitguthaben einzubeziehen.

Demzufolge darf das durchschnittliche monatliche Arbeitsentgelt in einem Jahr unter Berücksichtigung des zum Ende des Jahres in einem Zeitguthaben zu erwartenden Arbeitsentgeltanspruchs die entgeltliche Geringfügigkeitsgrenze nicht übersteigen.

1

Beispiel:

Ein Hausmeister wird zum 01.04. auf Stundenlohnbasis eingestellt und erhält einen Stundenlohn von 10 EUR. Das Arbeitsentgelt soll monatlich in Höhe von 420 EUR ausgezahlt werden. Dies entspricht einer monatlichen Arbeitszeit von 42 Stunden. Im Jahr hat der Hausmeister somit 504 Stunden zu leisten. Der Arbeitseinsatz soll flexibel erfolgen und die wöchentliche Arbeitszeit demnach schwanken. Der Arbeitgeber schließt mit dem Hausmeister daher eine Gleitzeitvereinbarung über die Einrichtung eines Arbeitszeitkontos ab. Das ermöglicht es dem Hausmeister, monatliche Überstunden auf- und abzubauen.

Der Arbeitgeber muss in einer vorausschauenden Betrachtung davon ausgehen können, dass auf das Arbeitszeitkonto zum Ende des maßgebenden Zeitjahres (31.03. des Folgejahres) maximal 5.400 EUR gezahlt werden. Da das Zeitguthaben mit einbezogen werden muss, darf das Restguthaben am Ende des Zeitjahres maximal 36 Stunden betragen. In diesem Fall wäre der Hausmeister versicherungsfrei, weil das durchschnittliche Arbeitsentgelt 450 EUR nicht übersteigt (504 + 36 = 540 Stunden : 12 Monate × 10 EUR = 450 EUR). Der Arbeitgeber hat von dem verstetigten Arbeitsentgelt den Pauschalbeitrag zur Kranken- und Rentenversicherung zu zahlen. Zusammen mit dem Arbeitnehmer hat der Arbeitgeber auch Pflichtbeiträge zur Rentenversicherung zu zahlen. Allerdings kann der Arbeitnehmer die Befreiung von der Rentenversicherung beantragen.

Diese Feststellung bleibt für die Vergangenheit auch dann maßgebend, wenn sich die erwartete Arbeitszeit infolge nicht sicher voraussehbarer Umstände im Laufe der Beschäftigung als unzutreffend erweist. Erbringen Sie als Arbeitnehmer vor Ablauf des maßgebenden Jahreszeitraums eine Arbeitsleistung, die einem Anspruch auf Arbeitsentgelt oberhalb der Jahresentgeltgrenze von 5.400 EUR entspricht, bleibt es beim Minijob. In diesen Fällen ergibt sich erst ab dem Monat eine Versicherungspflicht, von dem an ein Überschreiten der Jahresentgeltgrenze aufgrund der tatsächlich erbrachten Arbeitsleistung absehbar ist.

Versicherungsfreiheit tritt ab dem Zeitpunkt wieder ein, von dem an Sie in einer neu angestellten Jahresbetrachtung davon ausgehen können, dass das regelmäßige Arbeitsentgelt unter Berücksichtigung des sich aus dem bereits bestehenden und dem zu erwartenden Arbeitszeitguthaben abzuleitenden Arbeitsentgeltanspruchs regelmäßig 450 EUR nicht übersteigt.

1

Klarheit im Versicherungsrecht

2

Grundsätzliches zum Minijob

450-Euro-Jobs sind für Sie als Arbeitnehmer grundsätzlich versicherungsfrei. Das bedeutet, dass Sie als Arbeitnehmer keine Beiträge zur Kranken-, Renten- und Arbeitslosenversicherung zahlen müssen – zahlen muss der Arbeitgeber. Er hat sogenannte Pauschalbeiträge zu entrichten. Voraussetzung: Es muss eine geringfügige Beschäftigung vorliegen.

2 Allerdings müssen Sie im Fall der Rentenversicherungspflicht einen Eigenanteil zur Rentenversicherung leisten, der den Pauschalbeitrag des Arbeitgebers bis zum vollen Rentenversicherungsbeitragssatz von 18,6 Prozent aufstockt.

> **Praxis-Tipp:**
> Sofern Sie wegen eines 450-Euro-Jobs in der Krankenversicherung versicherungsfrei sind, folgt daraus für diese Beschäftigung auch Versicherungsfreiheit in der Pflegeversicherung.

Geringfügige Beschäftigung

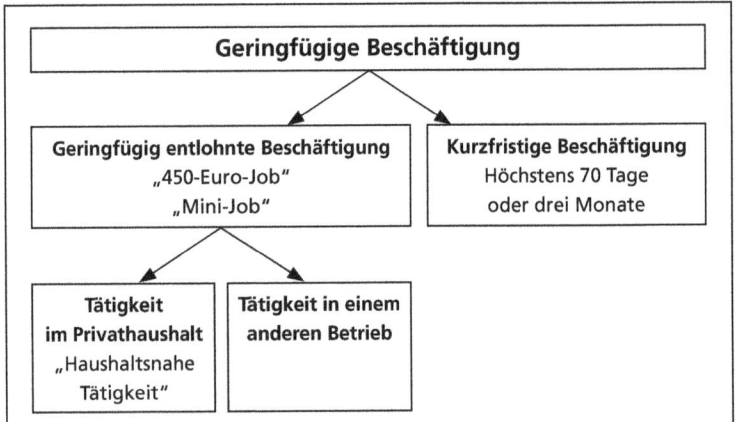

Nach der Unterscheidung des Sozialgesetzbuchs sind zwei verschiedene Arten der geringfügigen Beschäftigung zu beachten:

- Geringfügig entlohnte Beschäftigung
- Kurzfristige Beschäftigung

Bei der Beurteilung der geringfügigen Beschäftigung ist zunächst zu unterscheiden, ob es sich um eine geringfügig entlohnte Beschäftigung oder eine kurzfristige Beschäftigung handelt.

> **Praxis-Tipp:**
>
> Wenn Sie als Arbeitnehmer bei einem Arbeitgeber gleichzeitig mehrere Beschäftigungen ausüben, spielt die arbeitsvertragliche Gestaltung bei der Sozialversicherung keine Rolle. Das gilt auch, wenn Sie während der Freistellungsphasen im Rahmen von flexiblen Arbeitsregelungen bei demselben Arbeitgeber tätig werden. Sie müssen von einem einheitlichen Beschäftigungsverhältnis ausgehen und deshalb insgesamt beurteilen, ob die Beschäftigung noch geringfügig ist.

Wöchentliche Arbeitszeit

Der 450-Euro-Job hängt nicht von der regelmäßigen wöchentlichen Arbeitszeit ab. Es ist lediglich die Höhe des Arbeitsentgelts maßgebend.

Sonderfälle

Nicht versicherungsfrei in der Kranken-, Pflege-, Renten- und Arbeitslosenversicherung sind allerdings insbesondere folgende geringfügig Beschäftigte:

- Personen im Rahmen betrieblicher Berufsbildung, wie beispielsweise Auszubildende, Teilnehmer an dualen Studiengängen und Praktikanten
- Personen im Rahmen außerbetrieblicher Berufsausbildung
- Personen im Rahmen des Gesetzes zur Förderung von Jugendfreiwilligendiensten
- Personen im Rahmen des Gesetzes über den Bundesfreiwilligendienst
- Behinderte Menschen in geschützten Einrichtungen

- Personen in Einrichtungen der Jugendhilfe

- Personen in Berufsbildungswerken

- Personen in ähnlichen Einrichtungen für behinderte Menschen, in denen sie für eine Erwerbsfähigkeit befähigt werden sollen

- Personen während der individuellen betrieblichen Qualifizierung im Rahmen der Unterstützten Beschäftigung nach § 55 SGB IX

- Personen aufgrund einer stufenweisen Wiedereingliederung in das Erwerbsleben nach § 74 SGB V bzw. § 44 SGB IX

- Personen, die konjunkturell oder saisonbedingt Kurzarbeit leisten

Wie Sie mit mehreren Minijobs jonglieren

Wer besonders fleißig ist und mehrere Minijobs annimmt, muss auch besonders aufpassen. Denn Sie können die Vorteile grundsätzlich nur für einen Minijob realisieren. Doch auch hier gibt es Gestaltungsspielräume.

Sie können mehrere Minijobs nebeneinander ausüben, wenn Sie insgesamt mit allen Minijobs nicht die 450-Euro-Grenze überschreiten. Das bedeutet, die Arbeitsverdienste aus den verschiedenen Minijobs werden zusammengerechnet. Liegen sie über der 450-Euro-Grenze, werden die Jobs wie ganz normale Beschäftigungsverhältnisse behandelt und sind sozialversicherungspflichtig.

Bei einem Wechsel der Arbeitgeber innerhalb eines Kalendermonats können Sie die Grenze von 450 EUR überschreiten, ohne die Vorteile des Minijobs zu verlieren. Das gilt jedenfalls, wenn Sie zeitlich nacheinander innerhalb eines Kalendermonats bei verschiedenen Arbeitgebern beschäftigt sind. Sofern Sie dagegen innerhalb eines Kalendermonats mehrfach hintereinander den Arbeitgeber wechseln, profitieren Sie von der günstigen Regelung nicht.

Beispiel:

Ein Schulentlassener ist als ausbildungssuchend gemeldet. Er arbeitet als Inventuraushilfe. Er hat einen befristeten Arbeitsvertrag vom 01.04. bis zum 15.04. und verdient in dieser Zeit 210 EUR. In der Zeit vom 16.04. bis zum 30.04. arbeitet er bei einem anderen Arbeitgeber und verdient 260 EUR.

In diesem Fall liegt keine kurzfristige Beschäftigung vor, weil er als ausbildungssuchend gemeldet und damit als berufsmäßig Beschäftigter anzusehen ist (zu den Einzelheiten vgl. Seite 66). Zudem beträgt das Arbeitsentgelt in dem Kalendermonat mehr als 450 EUR. Bei dieser Entscheidung ist auch das Arbeitsentgelt aus der zuvor kurzfristigen Beschäftigung bei einem anderen Arbeitgeber in die Prüfung der Entgeltgrenze einzubeziehen, weil beide Beschäftigungen in demselben Kalendermonat beginnen und enden. Dennoch liegt im Ergebnis ein Minijob vor, weil das Arbeitsentgelt in der Zeit vom 16.04. bis 30.04. in dieser Beschäftigung die Entgeltgrenze von 450 EUR nicht überschreitet. Bei einem Wechsel des Arbeitgebers innerhalb eines Kalendermonats sind für die Annahme einer geringfügigen Beschäftigung die Arbeitsentgelte nicht zusammenzurechnen.

2

Beginnen und enden mehrere – für sich gesehen – geringfügig entlohnte Beschäftigungen bei mehreren Arbeitgebern innerhalb eines Kalendermonats, liegt dann kein Minijob mehr vor, wenn die Entgeltgrenze von 450 EUR überschritten wird. In diesen Fällen ist das Arbeitsentgelt aus allen Beschäftigungen innerhalb des Kalendermonats zusammenzurechnen. Dabei ist diejenige Beschäftigung, die zuletzt aufgenommen wurde und zu einer Überschreitung der Grenze von 450 EUR führt, nicht geringfügig entlohnt. Sollte dabei bereits zu Beginn bekannt sein, dass in demselben Kalendermonat eine weitere befristete geringfügige Beschäftigung folgen soll, durch die die Entgeltgrenze überschritten wird, ist auch die zuerst aufgenommene Beschäftigung nicht mehr geringfügig entlohnt.

Mehrere Minijobs bei nur einem einzigen Arbeitgeber funktionieren nicht. Diese Tätigkeiten werden immer so zusammengerechnet, als wenn Sie nur einen Minijob haben. Falls Sie die 450-Euro-Grenze überschreiten, handelt es sich nicht mehr um einen Minijob.

Beispiel:

Eine Raumpflegerin ist privat krankenversichert und erzielt bei ihrem Arbeitgeber Krause für ihre Tätigkeit in einem Privathaushalt ein monatliches Arbeitsentgelt von 170 EUR. Sie arbeitet dort seit dem 01.07.2012. Bei einem weiteren Arbeitgeber erzielt sie ein monatliches Arbeitsentgelt von 150 EUR.

Beide Beschäftigungen sind für die Arbeitnehmerin versicherungsfrei. Grund: Das Arbeitsentgelt aus beiden Beschäftigungen übersteigt insgesamt nicht den Betrag von 450 EUR. Die Minijobs sind versicherungsfrei in der Kranken- und Arbeitslosenversicherung. Damit besteht auch keine Versicherungspflicht in der Pflegeversicherung.

Der Arbeitgeber Krause hat Pauschalbeiträge zur Rentenversicherung zu zahlen. Dabei muss der Arbeitgeber Krause das Haushaltsscheckverfahren anwenden. Da die Beschäftigung bereits vor dem 01.01.2013 bestanden hatte, besteht „Bestandsschutz". Das bedeutet, beim Arbeitgeber Krause bleibt die Versicherungsfreiheit in der Rentenversicherung bestehen, solange das Arbeitsentgelt die bisherige Grenze von 400 EUR nicht übersteigt.

Beim weiteren Arbeitgeber liegt Rentenversicherungspflicht vor. Davon kann sich die Raumpflegerin befreien lassen. Ansonsten hat sie gemeinsam mit dem weiteren Arbeitgeber Pflichtbeiträge zur gesetzlichen Rentenversicherung zu entrichten.

Beispiel:

Eine Raumpflegerin ist privat krankenversichert und erzielt bei ihrem Arbeitgeber Müller ein monatliches Arbeitsentgelt von 170 EUR. Sie arbeitet dort seit dem 01.07.2012. Seit dem 01.02.2019 ist die Raumpflegerin zusätzlich beim Arbeitgeber

Meyer beschäftigt und erzielt dort ein monatliches Arbeitsentgelt von 150 EUR.

Auch hier liegt eine geringfügig entlohnte Beschäftigung vor. Grund: Das Arbeitsentgelt aus den beiden Beschäftigungen übersteigt insgesamt die 450-Euro-Grenze nicht. Die Minijobs sind versicherungsfrei in der Kranken- und Arbeitslosenversicherung. Damit besteht auch keine Versicherungspflicht in der Pflegeversicherung.

Hinsichtlich der Rentenversicherung muss jedoch differenziert werden, weil die Beschäftigung beim Arbeitgeber Meyer erst nach dem 01.01.2013 aufgenommen wurde. Die zuerst aufgenommene Beschäftigung beim Arbeitgeber Müller ist rentenversicherungsfrei. Insoweit handelt es sich um eine bestandsgeschützte Beschäftigung, die vor dem 01.01.2013 aufgenommen wurde. In der Beschäftigung beim Arbeitgeber Meyer besteht dagegen Rentenversicherungspflicht. Sofern die Raumpflegerin dies beantragt, kann sie sich von der Rentenversicherungspflicht befreien lassen.

Der Arbeitgeber Müller hat genauso wie der Arbeitgeber Meyer Pauschalbeiträge zur Rentenversicherung zu zahlen.

Beispiel:

Eine privat krankenversicherte Raumpflegerin verdient seit dem 01.07.2012 beim Arbeitgeber Ackermann monatlich 250 EUR. Seit dem 01.02.2019 erhält sie vom Arbeitgeber Bäcker ein monatliches Arbeitsentgelt von 200 EUR.

Weil das Arbeitsentgelt aus beiden Beschäftigungen insgesamt 450 EUR nicht übersteigt, ist die Raumpflegerin geringfügig entlohnt beschäftigt. Dabei besteht Versicherungsfreiheit in der Kranken- und Arbeitslosenversicherung. Zudem besteht keine Versicherungspflicht in der Pflegeversicherung.

Bei der Beschäftigung beim Arbeitgeber Ackermann besteht bis zum 31.01.2019 Rentenversicherungsfreiheit, weil es sich um eine bestandsgeschützte Beschäftigung handelt.

2

Ab 01.02.2019 wirkt die Bestandschutzregelung für Beschäftigung Ackermann allerdings nicht mehr, weil wegen der weiteren Beschäftigung beim Arbeitgeber Bäcker das insgesamt erzielte Arbeitsentgelt die früher geltende Grenze von 400 EUR übersteigt. Deshalb besteht für beide Beschäftigungen ab 01.02.2019 Rentenversicherungspflicht. Davon kann sich die Arbeitnehmerin befreien lassen. Der Arbeitgeber Ackermann zahlt bis 31.01.2019 Pauschalbeiträge zur Rentenversicherung. Ab 01.02.2019 zahlen beide Arbeitgeber – zusammen mit der Arbeitnehmerin – Pflichtbeiträge zur Rentenversicherung.

Wichtig: Die Versicherungspflicht tritt spätestens ein, wenn die Minijob-Zentrale der Knappschaft oder aber ein Rentenversicherungsträger das feststellt. Dies teilt der Rentenversicherungsträger dem Arbeitgeber mit.

Vorteil: Beitragsnachforderungen für zurückliegende Zeiten sind für Sie ausgeschlossen. Nachteil: Die Minijob-Zentrale wird natürlich kritisch nachfragen, weshalb den Meldepflichten nicht nachgekommen worden ist. Das wird sie insbesondere den Arbeitgeber fragen.

Praxis-Tipp:
Kurzfristige Minijobs brauchen Sie nicht in die Zusammenrechnung einzubeziehen. Das bedeutet, die kurzfristigen Minijobs schaden der 450-Euro-Grenze nicht.

Beispiel:
Eine familienversicherte Hilfskraft arbeitet befristet beim Arbeitgeber Ehrlich vom 02.05. bis zum 28.06. Sie hat eine Sechs-Tage-Woche und arbeitet demzufolge 58 Kalendertage. Dafür bekommt sie ein monatliches Arbeitsentgelt von 700 EUR. Bei einem weiteren Arbeitgeber arbeitet sie 94 Kalendertage in der Zeit vom 02.05. bis zum 03.08. Dafür erhält sie ein monatliches Arbeitsentgelt von 320 EUR.

Wegen der Dauer der Beschäftigung beim ersten Arbeitgeber handelt es sich um eine kurzfristige Beschäftigung. Beim zweiten Arbeitgeber übt die Hilfskraft wegen der Höhe des Arbeitsentgelts eine geringfügige Beschäftigung aus.

Die Beschäftigung beim Arbeitgeber Ehrlich ist versicherungsfrei in der Kranken-, Renten- und Arbeitslosenversicherung. Damit besteht auch keine Versicherungspflicht in der Pflegeversicherung.

Die Beschäftigung bei dem weiteren Arbeitgeber ist versicherungsfrei in der Kranken- und Arbeitslosenversicherung. Damit besteht weiterhin keine Versicherungspflicht in der Pflegeversicherung. Allerdings ist die Beschäftigung rentenversicherungspflichtig, weil der Arbeitnehmer die Möglichkeit hat, sich hiervon befreien zu lassen.

Hier kommt keine Zusammenrechnung der beiden Jobs in Betracht. Grund: Kurzfristige Beschäftigungen werden nicht mit geringfügig entlohnten Beschäftigungen zusammengerechnet. Der zweite Arbeitgeber muss jedoch Pauschalbeiträge zur Kranken- und (gemeinsam mit dem Arbeitnehmer) Pflichtbeiträge zur Rentenversicherung zahlen.

Praxis-Tipp:

Die Regelungen gelten im Bereich der Rentenversicherung entsprechend, wenn Sie nicht als Arbeitnehmer beschäftigt sind, sondern eine selbstständige Tätigkeit ausüben. Auch in diesen Fällen werden einerseits mehrere Beschäftigungen und andererseits mehrere selbstständige Tätigkeiten zusammengerechnet. Eine Zusammenrechnung der Beschäftigungen als Arbeitnehmer und der selbstständigen Tätigkeiten erfolgt dagegen nicht.

Minijob neben einer Hauptbeschäftigung

Auch neben einer Hauptbeschäftigung ist ein Minijob möglich. Das setzt allerdings voraus, dass die Hauptbeschäftigung bereits versicherungspflichtig ist. Nur dann kann daneben noch ein 450-Euro-Job sozialversicherungsfrei bleiben.

2

> **Praxis-Tipp:**
>
> Ein Minijob kann neben einer Hauptbeschäftigung nur dann versicherungsfrei bleiben, wenn die Hauptbeschäftigung eine Versicherungspflicht begründet.

Was so einfach klingt, kann in der Praxis teilweise kompliziert erscheinen. Behalten Sie den Überblick: Prüfen Sie zunächst, ob die Hauptbeschäftigung – das heißt eine **nicht** geringfügige Beschäftigung – Versicherungspflicht begründet. Denn für die Frage, ob mehrere Minijobs mit einer Hauptbeschäftigung zusammenzurechnen sind, kommt es entscheidend darauf an, ob eine versicherungs**pflichtige Haupt**beschäftigung vorliegt.

Mehrere Minijobs sind grundsätzlich mit einer versicherungspflichtigen Hauptbeschäftigung zusammenzurechnen. Das gilt sowohl für den Bereich der Krankenversicherung und damit auch für den Bereich der Pflegeversicherung, als auch für den Bereich der Rentenversicherung. Eine Zusammenrechnung der Minijobs mit einer versicherungspflichtigen Hauptbeschäftigung erfolgt dagegen nicht in der Arbeitslosenversicherung. Hier bleiben mehrere Minijobs generell versicherungsfrei.

Ausnahme: Wenn Sie mehrere Minijobs neben einer versicherungspflichtigen Hauptbeschäftigung ausüben, wird **ein** Job nicht mit der versicherungspflichtigen Hauptbeschäftigung zusammengerechnet. Das bedeutet, **ein** Minijob bleibt in der Kranken- und Pflegeversicherung versicherungsfrei. Ferner bleibt dieser Minijob – je nach Sachverhalt – in der Rentenversicherung versicherungsfrei, versicherungspflichtig oder von der Versicherungspflicht befreit.

Wichtig: Bei nicht versicherungspflichtigen Hauptbeschäftigungen scheidet eine Zusammenrechnung der Minijobs mit der Hauptbeschäftigung aus. Das gilt insbesondere für Beamtenbeschäftigungen, denn die Beamtenbeschäftigung an sich begründet keine

Versicherungspflicht. Eine Zusammenrechnung der Minijobs mit der Beamtenbeschäftigung scheidet daher aus.

Dagegen müssen Sie mehrere Minijobs zusammenfassen. Überschreitet ein einzelner Nebenjob die 450-Euro-Grenze, begründet dieser Job Versicherungspflicht. In diesem Fall kann der Beamte einen weiteren Nebenjob als Minijob versicherungsfrei ausüben. Grund: Er hat eine „Hauptbeschäftigung" – den versicherungspflichtigen Nebenjob –, der eine Versicherungspflicht begründet.

2

Wichtig: Sofern Sie die Jahresarbeitsentgeltgrenze überschreiten und deshalb im Bereich der Krankenversicherung versicherungsfreier Arbeitnehmer sind, scheidet eine Zusammenrechnung – wie bei Beamtenbeschäftigungen – insoweit ebenfalls aus. Das gilt auch für den Bereich der Rentenversicherung, wenn Sie zu einer berufsständischen Versorgungseinrichtung gehören und deshalb von der Versicherungspflicht befreit sind.

Praxis-Tipp:

Bei mehreren Minijobs neben einer versicherungspflichtigen Hauptbeschäftigung ist regelmäßig der Minijob versicherungsfrei, den Sie zeitlich zuerst aufgenommen haben. Es kommt deshalb darauf an, in welcher Reihenfolge Sie die Minijobs angenommen haben. Folglich können Sie nicht wählen oder bestimmen, welcher Minijob versicherungsfrei ist. Deshalb ist es vorteilhaft für Sie, wenn Sie mit dem zuerst aufgenommenen Minijob die 450-Euro-Grenze ausreizen.

Mehrere Minijobs neben einer Hauptbeschäftigung

Sofern Sie zusätzlich zu einem Minijob neben der Hauptbeschäftigung noch weitere 450-Euro-Jobs ausüben, werden diese mit der Hauptbeschäftigung zusammengerechnet. Folge: Die weiteren Minijobs sind versicherungspflichtig. Das heißt, es sind Beiträge zur Renten-, Kranken- und Pflegeversicherung zu entrichten.

Praxis-Tipp:

Beiträge zur Arbeitslosenversicherung brauchen Sie für diese zusätzlichen Minijobs nicht zu zahlen.

Wichtig: Wenn Sie einen oder mehrere Minijobs ausüben, die zusammen nicht mehr als 450 EUR einbringen, sind Sie nur als Arbeitnehmer versicherungsfrei in der Kranken- und Arbeitslosenversicherung. In der Rentenversicherung sind Sie versicherungspflichtig. Als Arbeitnehmer zahlen Sie insoweit Beiträge von 3,6 Prozent, es sei denn, Sie lassen sich von der Rentenversicherungspflicht befreien. Als Arbeitgeber zahlen Sie insgesamt 30 Prozent des Arbeitsverdienstes. Davon entfallen Pauschalbeiträge von 15 Prozent auf die Rentenversicherung, 13 Prozent auf die Krankenversicherung und 2 Prozent auf die Pauschsteuer.

2

Typische Beispiele

Beispiel:

Mehrere Minijobs neben Hauptbeschäftigung

Frau Maier geht bei der Metzger-GmbH einer sozialversicherungspflichtigen Hauptbeschäftigung nach. Sie verdient monatlich brutto 2.000 EUR. Außerdem hat sie seit dem 01.09.2012 einen Minijob beim Arbeitgeber Bäcker aufgenommen. Für den Minijob erhält sie monatlich 160 EUR.

Der Minijob ist für Frau Maier versicherungsfrei und wird nicht mit der versicherungspflichtigen (Haupt-)Beschäftigung zusammengerechnet. Die Beschäftigung beim Arbeitgeber Bäcker ist über den 31.12.2012 hinaus in der Rentenversicherung versicherungsfrei. Dies gilt jedenfalls, solange das Arbeitsentgelt die alte Grenze von 400 EUR nicht übersteigt. Der Arbeitgeber Bäcker führt für den Minijob pauschale Beiträge ab.

Nach einiger Zeit nimmt Frau Maier einen zweiten Minijob beim Arbeitgeber Händler an. Hierfür bekommt sie monatlich 200 EUR.

Der zweite Minijob wird mit der Hauptbeschäftigung zusammengerechnet und ist versicherungspflichtig. Grund: Es bleibt immer nur **ein** Minijob neben einer Hauptbeschäftigung versicherungsfrei. Das bedeutet, Arbeitgeber Händler und Frau Maier teilen sich die vollen Beiträge zur Kranken-, Pflege- und

Rentenversicherung. Beiträge zur Arbeitslosenversicherung fallen jedoch nicht an.

Beispiel:

Mehrere Minijobs

Frau Müller ist Raumpflegerin und arbeitet bereits seit Jahren regelmäßig beim Arbeitgeber X. Dafür erhält sie monatlich 600 EUR. Am 01.06.2012 nimmt sie eine weitere Arbeitsstelle beim Arbeitgeber Y an. Für diese Tätigkeit erzielt sie monatlich ein Arbeitsentgelt von 230 EUR. Seit dem 01.02.2019 arbeitet sie zusätzlich auch noch beim Arbeitgeber Z für ein monatliches Arbeitsentgelt von 200 EUR.

Die Hauptbeschäftigung der Raumpflegerin beim Arbeitgeber X ist versicherungspflichtig, weil der Verdienst die 450-Euro-Grenze überschreitet. Bei den anderen Beschäftigungen handelt es sich grundsätzlich um jeweils geringfügig entlohnte Beschäftigungen. Grund: Das Arbeitsentgelt übersteigt jeweils nicht die 450-Euro-Grenze. Allerdings wird die Beschäftigung beim Arbeitgeber Z mit der versicherungspflichtigen Hauptbeschäftigung beim Arbeitgeber X zusammengerechnet, weil **nur ein** Minijob versicherungsfrei ist. Beim Arbeitgeber Z besteht somit Versicherungspflicht in der Kranken-, Renten- und Pflegeversicherung.

Eine Zusammenrechnung der Beschäftigung beim Arbeitgeber Y mit der versicherungspflichtigen Hauptbeschäftigung beim Arbeitgeber X kommt nicht in Betracht, weil der Minijob beim Arbeitgeber Y zuerst aufgenommen wurde. Insoweit ist dieser Minijob in der Kranken-, Renten- und Pflegeversicherung versicherungsfrei. Die Beschäftigung beim Arbeitgeber Y ist über den 31.12.2012 hinaus in der Rentenversicherung versicherungsfrei. Dies gilt jedenfalls, solange das Arbeitsentgelt die alte Grenze von 400 EUR nicht übersteigt.

Bei den Arbeitgebern Y und Z besteht in der Arbeitslosenversicherung Versicherungsfreiheit. Grund: Das Arbeitsentgelt überschreitet jeweils nicht die 450-Euro-Grenze. Eine Zusammenrechnung mit versicherungspflichtigen Beschäftigungen erfolgt insoweit nicht.

Der Arbeitgeber Y muss Pauschalbeiträge zur Kranken- und Rentenversicherung zahlen.

2

Beispiel:

Beamter mit mehreren Minijobs über 450 EUR

Herr Martin ist Beamter und privat krankenversichert. Daneben arbeitet er beim Arbeitgeber Y als Programmierer. Dafür erhält er monatlich ein Arbeitsentgelt von 280 EUR. Zusätzlich arbeitet er beim Arbeitgeber Z als Systembetreuer und erhält dafür monatlich ein Arbeitsentgelt von 200 EUR.

Der Beamte ist mit seinen Beschäftigungen als Programmierer und Systembetreuer in der Krankenversicherung und damit auch in der Pflegeversicherung versicherungsfrei. Grund: Die Tätigkeit als Beamter ist keine versicherungspflichtige (Haupt-)Beschäftigung, so dass insoweit eine Zusammenrechnung mit weiteren Beschäftigungen ausscheidet. Dagegen besteht in der Renten- und Arbeitslosenversicherung für Herrn Martin sowohl hinsichtlich der Beschäftigung als Programmierer als auch als Systembetreuer Versicherungspflicht. Grund: Das Arbeitsentgelt aus beiden Beschäftigungen übersteigt in der Summe 450 EUR.

Praxis-Tipp:

Es ist nicht möglich, zumindest eine Nebenbeschäftigung versicherungsfrei zu lassen, weil keine Hauptbeschäftigung ausgeübt wird, die bereits für sich allein eine Versicherungspflicht begründet.

Beispiel:

Beamtin mit mehreren Minijobs unter 450 EUR

Frau Sommer ist Beamtin und freiwillig krankenversichert. Daneben hat sie zwei weitere Beschäftigungen. Einerseits arbeitet sie als Programmiererin für monatlich 250 EUR beim Arbeitgeber Y, andererseits arbeitet sie als Buchhalterin beim Arbeitgeber Z für ein monatliches Arbeitsentgelt von 150 EUR. Frau Sommer hat mit Wirkung ab dem 01.02. die Befreiung von der Rentenversicherungspflicht aufgrund der geringfügig entlohnten Beschäftigungen beantragt.

Beide Nebenbeschäftigungen sind jeweils geringfügig entlohnt. Grund: Das Arbeitsentgelt aus den einzelnen Beschäftigungen übersteigt die 450-Euro-Grenze nicht. Auch die Summe aus beiden Beschäftigungen übersteigt nicht die 450-Euro-Grenze. Deshalb sind die Beschäftigungen versicherungsfrei in der Kranken- und Arbeitslosenversicherung sowie nicht versicherungspflichtig in der Pflegeversicherung. Weil Frau Sommer einen Antrag auf Befreiung von der Rentenversicherungspflicht gestellt hat, ist sie in den beiden Minijobs von der Rentenversicherungspflicht befreit.

Hinweis: Auch in der Rentenversicherung kommt eine Zusammenrechnung des zweiten Minijobs beim Arbeitgeber Z mit der Beamtenbeschäftigung nicht in Betracht, weil die Beschäftigung als Beamtin keine Versicherungspflicht begründet.

Die Arbeitgeber Y und Z müssen Pauschalbeiträge zur Kranken- und Rentenversicherung zahlen.

Beispiel:

Beamtin mit mehreren Minijobs und versicherungspflichtiger Nebenbeschäftigung

Frau Winter ist Beamtin und übt zwei Nebenbeschäftigungen aus. Frau Winter ist privat krankenversichert. Beim Arbeitgeber Y erhält sie ein monatliches Arbeitsentgelt von 500 EUR für eine Tätigkeit als Taxifahrerin. Beim Arbeitgeber Z ist sie als Buchhalterin für ein monatliches Arbeitsentgelt von 200 EUR tätig.

In der Kranken- und Pflegeversicherung ist Frau Winter sowohl beim Arbeitgeber Y als auch beim Arbeitgeber Z ver-

2

sicherungsfrei. In der Renten- und Arbeitslosenversicherung ist Frau Winter beim Arbeitgeber Y versicherungspflichtig. Grund: Das Arbeitsentgelt übersteigt die 450-Euro-Grenze. Dadurch wird die Beschäftigung beim Arbeitgeber Y eine versicherungspflichtige „Hauptbeschäftigung". Deshalb ist die Beschäftigung beim Arbeitgeber Z eine geringfügig entlohnte Beschäftigung. Denn insoweit übersteigt das monatliche Arbeitsentgelt die 450-Euro-Grenze nicht. Der Minijob beim Arbeitgeber Z ist in der Rentenversicherung versicherungspflichtig. Allerdings hat Frau Winter die Möglichkeit, sich auf Antrag von der Rentenversicherungspflicht befreien zu lassen, weil das monatliche Arbeitsentgelt die Grenze von 450 EUR nicht übersteigt.

Der Arbeitgeber Y muss individuelle Beiträge zur Renten- und Arbeitslosenversicherung zahlen. Für ihn fallen keine pauschalen Beiträge zur Krankenversicherung an. Grund: Es handelt sich insoweit nicht um einen Minijob. Der Arbeitgeber Z muss Pauschalbeiträge zur Kranken- und Rentenversicherung zahlen.

In der Arbeitslosenversicherung ist Frau Winter beim Arbeitgeber Z ebenfalls versicherungsfrei, weil – für den Bereich der Arbeitslosenversicherung – keine Zusammenrechnung von Minijobs mit versicherungspflichtigen Beschäftigungen vorgenommen wird.

Beispiel (2012):

Herr Stein ist Versicherungsmathematiker und verdient beim Arbeitgeber X monatlich 4.400 EUR. Damit überschreitet er die Jahresarbeitsentgeltgrenze und ist krankenversicherungsfrei. Er hat sich in der gesetzlichen Krankenversicherung freiwillig versichert. Der Arbeitgeber überweist die Beiträge zur Krankenversicherung im Rahmen des Gesamtsozialversicherungsbeitrags. Am 01.07.2012 hat Herr Stein eine zweite Beschäftigung aufgenommen. Dort arbeitet er als Programmierer beim Arbeitgeber Y und erhält dafür ein monatliches Arbeitsentgelt von 200 EUR. Am 01.09.2012 nimmt er eine weitere Beschäftigung als Programmierer beim Arbeitgeber Z auf. Hierfür erzielt er ein monatliches Arbeitsentgelt von 150 EUR.

Herr Stein ist mit seiner Hauptbeschäftigung beim Arbeitgeber X in der Renten- und Arbeitslosenversicherung versicherungspflichtig. Die beiden anderen Beschäftigungen übersteigen weder einzeln noch insgesamt die 450-Euro-Grenze. Deshalb handelt es sich jeweils um geringfügig entlohnte Beschäftigungen. Dennoch bleibt nur die zuerst aufgenommene Beschäftigung beim Arbeitgeber Y rentenversicherungsfrei, weil die Beschäftigung bereits vor dem 01.01.2013 bestanden hat und das monatliche Arbeitsentgelt die Grenze von 400 EUR nicht übersteigt. Dennoch hat der Arbeitgeber Y Pauschalbeiträge zur Rentenversicherung zu zahlen. Mit seiner Beschäftigung beim Arbeitgeber Z unterliegt Herr Stein dagegen der Rentenversicherungspflicht. Grund: Die zweite – später aufgenommene – Nebenbeschäftigung wird mit der rentenversicherungspflichtigen Hauptbeschäftigung als Versicherungsmathematiker zusammengerechnet. Folge: Die Beschäftigung beim Arbeitgeber Z unterliegt wie die Beschäftigung beim Arbeitgeber X der Rentenversicherung.

Versicherungsfrei ist Herr Stein in der Arbeitslosenversicherung sowohl mit seiner Beschäftigung beim Arbeitgeber Y als auch mit seiner Beschäftigung beim Arbeitgeber Z. Grund: Für den Bereich der Arbeitslosenversicherung kommt eine Zusammenrechnung von Minijobs und versicherungspflichtigen Beschäftigungen nicht in Betracht.

Für Herrn Stein ist auch für den Bereich der Krankenversicherung und Pflegeversicherung keine Zusammenrechnung des Minijobs beim Arbeitgeber Z mit der Hauptbeschäftigung beim Arbeitgeber X vorzunehmen. Grund: Die Hauptbeschäftigung beim Arbeitgeber X begründet keine Versicherungspflicht, weil die Jahresarbeitsentgeltgrenze überschritten ist.

Die Arbeitgeber Y und Z haben Pauschalbeiträge zur Krankenversicherung zu zahlen, da das Arbeitsentgelt aus den beiden Minijobs insgesamt die 450-Euro-Grenze nicht übersteigt. Der Arbeitgeber Y hat zusätzlich Pauschalbeiträge zur Rentenversicherung zu zahlen.

Beispiel (2019): _____

Herr Kern ist Versicherungsmathematiker und verdient beim Arbeitgeber X monatlich 4.600 EUR. Damit überschreitet er die Jahresarbeitsentgeltgrenze und ist krankenversicherungsfrei. Er ist in der gesetzlichen Krankenversicherung freiwillig als Selbstzahler versichert. Herr Kern nimmt am 01.07. eine zweite Beschäftigung als Programmierer beim Arbeitgeber Y auf. Dafür erhält er ein monatliches Arbeitsentgelt von 300 EUR. Ferner nimmt er am 01.09. eine Beschäftigung als Programmierer beim Arbeitgeber Z auf. Bei diesem Arbeitgeber erzielt Herr Kern ein monatliches Arbeitsentgelt von 200 EUR.

Herr Kern ist mit seiner Hauptbeschäftigung beim Arbeitgeber X in der Renten- und Arbeitslosenversicherung versicherungspflichtig. Die beiden anderen Beschäftigungen übersteigen einzeln nicht die 450-Euro-Grenze. Deshalb handelt es sich jeweils um geringfügig entlohnte Beschäftigungen. Dennoch muss eine Zusammenrechnung des beim Arbeitgeber Z bestehenden Minijobs mit der rentenversicherungspflichtigen Hauptbeschäftigung beim Arbeitgeber X erfolgen. Somit wird beim Minijob bei Arbeitgeber Z die Versicherungspflicht in der Rentenversicherung begründet.

Der Minijob beim Arbeitgeber Y wurde dagegen zeitlich zuerst aufgenommen und wird deshalb nicht mit der rentenversicherungspflichtigen Hauptbeschäftigung zusammengerechnet. Aus diesem Grund ist der Minijob beim Arbeitgeber Y als geringfügig entlohnte Beschäftigung versicherungspflichtig in der Rentenversicherung, wobei Herr Kern die Möglichkeit hat, sich von der Rentenversicherungspflicht befreien zu lassen. Sofern Herr Kern auf die Befreiungsmöglichkeit verzichtet, hat er gemeinsam mit dem Arbeitgeber Pflichtbeiträge zur Rentenversicherung zu zahlen.

In der Arbeitslosenversicherung besteht Versicherungsfreiheit für die Beschäftigungen beim Arbeitgeber Y und Z. Grund: Das Arbeitsentgelt überschreitet jeweils nicht die 450-Euro-Grenze, so dass die geringfügig entlohnten Beschäftigungen nicht mit der versicherungspflichtigen Beschäftigung zusammengerechnet werden.

Eine Zusammenrechnung des Minijobs beim Arbeitgeber Z mit der Hauptbeschäftigung beim Arbeitgeber X scheidet für den Bereich der Krankenversicherung und damit auch für die Pflegeversicherung aus. Grund: Die Hauptbeschäftigung begründet keine Versicherungspflicht, da die Jahresarbeitsentgeltgrenze überschritten wird. Die Arbeitgeber Y und Z müssen **keine Pauschalbeiträge** zur Krankenversicherung zahlen, weil das Arbeitsentgelt aus den beiden geringfügig entlohnten Beschäftigungen insgesamt 450 EUR übersteigt. Wegen der freiwilligen Versicherung in der gesetzlichen Krankenversicherung haben die Arbeitgeber Y und Z **anteilige Zuschüsse** zur Kranken- und Pflegeversicherung zu zahlen.

Minijobs bei freiwillig Wehrdienstleistenden oder Elternzeit

Die Minijobs bleiben in bestimmten Fällen sozialversicherungsfrei. Einkünfte aus einem Minijob werden nicht mit den folgenden Einkünften zusammengerechnet, wenn sie neben dem Minijob bezogen werden:

- Einkünfte aus der gesetzlichen Dienstpflicht

- Einkünfte während einer Elternzeit

- Leistungen, die Sie zur Sicherung des Lebensunterhalts nach dem SGB II beziehen

- Leistungen, die Sie wegen Beschäftigungslosigkeit nach dem SGB III beziehen

Minijobs neben Vorruhestandsgeld

Minijobs werden nicht mit dem Vorruhestandsgeld zusammengerechnet, wenn Sie in der Kranken-, Pflege- und Rentenversicherung versicherungspflichtiger Bezieher von Vorruhestandsgeld sind. Folge: Der Minijob bleibt in der Kranken- und Pflegeversicherung versicherungsfrei. In der Rentenversicherung ist der

Minijob – je nach Sachverhalt – versicherungsfrei, versicherungspflichtig oder von der Versicherungspflicht befreit.

Sofern Sie mehrere Minijobs neben dem Bezug von Vorruhestandsgeld ausüben, werden die Minijobs grundsätzlich mit dem Vorruhestandsgeld zusammengerechnet.

Davon gibt es eine Ausnahme: Nicht in die Zusammenrechnung einbezogen wird der Minijob, den Sie zeitlich zuerst aufgenommen haben. Für diese Minijobs gelten die versicherungs-, beitrags- und melderechtlichen Regelungen für geringfügig entlohnte Beschäftigungen. Alle weiteren Minijobs werden mit dem Vorruhestandsgeld zusammengerechnet.

Minijobs neben Ausgleichsgeld

Der Bezug von Ausgleichsgeld nach dem Gesetz zur Förderung der Einstellung der landwirtschaftlichen Erwerbstätigkeit (FELEG) gilt als Bezug von Arbeitsentgelt. Daher gelten grundsätzlich die vorstehenden Regeln für Minijobs neben Vorruhestandsgeld entsprechend.

Minijobs von Menschen mit Behinderung oder ähnlichen Personen

Nicht als Arbeitnehmer in einer (Haupt-)Beschäftigung zu behandeln sind Jugendliche bzw. Menschen mit Behinderung in Einrichtungen der Jugendhilfe bzw. in Einrichtungen für Menschen mit Behinderung, die in der Kranken-, Pflege- und Rentenversicherung versicherungspflichtig sind. Das gilt einheitlich in der Kranken-, Pflege- und Rentenversicherung.

Werden daneben mehrere geringfügig entlohnte Beschäftigungen ausgeübt, sind sie für die Prüfung, ob die Arbeitsentgeltgrenze überschritten wird, zusammenzurechnen.

Jahresarbeitsentgeltgrenze in der Krankenversicherung

Als Arbeitnehmer sind Sie krankenversicherungspflichtig, wenn Sie weniger als 54.450 EUR im Jahr verdienen. Dieser Betrag entspricht der besonderen Jahresarbeitsentgeltgrenze (Beitragsbemessungsgrenze in der gesetzlichen Krankenversicherung) für das Kalenderjahr 2019. Die Jahresarbeitsentgeltgrenze (Kranken-versicherung) betrug im Jahr 2018 in den alten und neuen Bundes-ländern 53.100 EUR.

Versicherungspflichtgrenze 2019

Im Übrigen steigt 2019 auch die im Versicherungsrecht relevan-te allgemeine Jahresarbeitsentgeltgrenze von 59.400 EUR auf 60.750 EUR. Die Beitragsbemessungsgrenze in der allgemeinen Rentenversicherung beträgt 2019 jährlich 80.400 EUR. In der knappschaftlichen Rentenversicherung beträgt sie 98.400 EUR jährlich.

Dagegen beläuft sich die Beitragsbemessungsgrenze in den neuen Bundesländern jährlich auf 73.800 EUR und in der knappschaftli-chen Rentenversicherung auf 91.200 EUR jährlich.

> **Praxis-Tipp:**
>
> Wenn Sie am 31.12.2002 ausschließlich privat krankenver-sichert waren, gilt für Sie im Kalenderjahr 2018 die besondere Jahresarbeitsentgeltgrenze von 54.450 EUR. Diese Grenze entspricht auch der Beitragsbemessungsgrenze der gesetz-lichen Krankenversicherung. Überschreiten Sie die Grenze, endet Ihre Krankenversicherungspflicht mit Ablauf des Ka-lenderjahrs, ab dem Sie – auch in der Zukunft – mit Ihrem Jahresarbeitsentgelt über der Grenze liegen.

Die Jahresarbeitsentgeltgrenze regelt, ab welcher Höhe des jähr-lichen Bruttoarbeitsentgelts Sie als Arbeitnehmer nicht mehr in der gesetzlichen Krankenversicherung pflichtversichert sind. Die Beitragsbemessungsgrenze ist der Höchstbetrag des Bruttolohns, von dem Sie Beiträge zur gesetzlichen Krankenversicherung bzw. zur gesetzlichen Sozialversicherung zu zahlen haben.

Die Jahresarbeitsentgeltgrenze und die Beitragsbemessungsgren-ze haben sich in den letzten Jahren wie folgt entwickelt:

Jahr	Jahresarbeitsentgelt-grenze	Besondere Jahresarbeits-entgeltgrenze (Beitrags-bemessungsgrenze)
2019	60.750 EUR	54.450 EUR
2018	59.400 EUR	53.100 EUR
2017	57.600 EUR	52.200 EUR
2016	56.250 EUR	50.850 EUR
2015	54.900 EUR	49.500 EUR
2014	53.550 EUR	48.600 EUR
2013	52.200 EUR	47.250 EUR
2012	50.850 EUR	45.900 EUR
2011	49.500 EUR	44.550 EUR
2010	49.950 EUR	45.000 EUR
2009	48.600 EUR	44.100 EUR
2008	48.150 EUR	43.200 EUR
2007	47.700 EUR	42.750 EUR
2006	47.250 EUR	42.750 EUR
2005	46.800 EUR	42.300 EUR
2004	46.350 EUR	41.850 EUR
2003	45.900 EUR	41.400 EUR

Beispiel:

Herr Meister ist Versicherungsmathematiker beim Arbeitgeber X. Dafür erhält er 4.100 EUR im Monat. Am 01.06.2012 nimmt er eine weitere Beschäftigung als Programmierer beim Arbeitgeber Y an. Dafür erhält er monatlich ein Arbeitsentgelt von 150 EUR. Am 01.08.2012 nimmt er zusätzlich eine Beschäftigung als Programmierer beim Arbeitgeber Z an. Dafür erhält er ein monatliches Arbeitsentgelt von 270 EUR.

Beim Arbeitgeber X ist Herr Meister in der Kranken-, Renten-, Arbeitslosen- und Pflegeversicherung versicherungspflichtig. Mit seinen Programmierjobs übt Herr Meister geringfügig entlohnte Beschäftigungen aus. Grund: Die einzelnen Beschäftigungen übersteigen nicht die 450-Euro-Grenze. Dabei bleibt der Programmierjob beim Arbeitgeber Y versicherungsfrei, weil Herr Meister diesen Job zuerst angenommen hat. Von der Versicherungsfreiheit ist die Kranken-, Renten- und Pflegeversicherung betroffen. Die Beschäftigung beim Arbeitgeber Y ist über den 31.12.2012 hinaus in der Rentenversicherung versicherungsfrei. Dies gilt jedenfalls, solange das Arbeitsentgelt die alte Grenze von 400 EUR nicht übersteigt. Der Arbeitgeber Y muss Pauschalbeiträge zur Kranken- und Rentenversicherung zahlen.

Mit der Beschäftigung beim Arbeitgeber Z ist Herr Meister versicherungspflichtig in der Kranken-, Renten- und Pflegeversicherung. Grund: Der zweite Minijob ist mit der versicherungspflichtigen Hauptbeschäftigung zusammenzurechnen.

Allerdings ist Herr Meister mit Ablauf des Kalenderjahres 2012 nicht mehr krankenversicherungspflichtig, weil seine Arbeitsentgelte aus den Beschäftigungen bei X und Z insgesamt die Jahresarbeitsentgeltgrenze überschritten haben und diese voraussichtlich auch im Jahr 2013 überschritten wird. Bei der Berechnung der Jahresarbeitsentgeltgrenze ist auch der Minijob einzubeziehen. Deshalb ist Herr Meister ab dem Folgejahr in der Krankenversicherung und damit auch in der Pflegeversicherung versicherungsfrei. Sofern Herr Meister ab dem Folgejahr in der gesetzlichen Krankenversicherung als Selbstzahler freiwillig versichert ist, ist er – vorausgesetzt, er entscheidet sich nicht für eine private Krankenversicherung – auch versicherungspflichtig in der Pflegeversicherung.

Herr Meister muss Beiträge zur Kranken- und Pflegeversicherung ab dem 01.08.2012 anteilig in dem Verhältnis seiner insgesamt erzielten Arbeitsentgelte zahlen. Ab dem 01.01.2013 hat Herr Meister anteilige Beitragszuschüsse zur Kranken- und Pflegeversicherung zu zahlen.

Die Minijobs bei Arbeitgeber Y und Z sind in der Arbeitslosenversicherung versicherungsfrei. Grund: Das Arbeitsentgelt aus Minijobs wird im Bereich der Arbeitslosenversicherung nicht mit versicherungspflichtigen Hauptbeschäftigungen zusammengerechnet, weil das Arbeitsentgelt jeweils die 450-Euro-Grenze nicht überschreitet.

Praxis-Tipp:

Die Jahresarbeitsentgeltgrenze ist wichtig für die Frage, ob ein oder mehrere Minijobs mit der Hauptbeschäftigung für den Bereich der Krankenversicherung zusammenzurechnen sind. Die Zusammenrechnung erfolgt, wenn mit der Hauptbeschäftigung eine Krankenversicherungspflicht besteht. Die Krankenversicherungspflicht endet jedoch – auch für die Minijobs –, wenn die Jahresarbeitsentgeltgrenze überschritten wird.

So stocken Sie Ihren Beitrag in der Rentenversicherung auf

Bei den bis Ende 2012 geltenden Minijobs (400-Euro-Grenze) konnten Sie auf die Versicherungsfreiheit in der Rentenversicherung verzichten. Seit 01.01.2013 besteht bei den Minijobs (450-Euro-Grenze) grundsätzlich Versicherungspflicht in der Rentenversicherung. Allerdings können Sie sich von der Rentenversicherungspflicht auf Antrag befreien lassen.

Im Ergebnis haben Sie demnach dieselben Möglichkeiten wie bisher. Sie können wählen, ob Sie in die Rentenversicherung einzahlen oder nicht. Dennoch stellt sich die Frage, weshalb jemand bei den alten Minijobs auf die Versicherungsfreiheit verzichten oder bei den aktuellen Minijobs keine Befreiung von der Rentenversicherungspflicht beantragen sollte. Denn wer zahlt schon gerne Beiträge?

Dennoch dürfte es für Sie als Arbeitnehmer sinnvoll sein, Rentenversicherungsbeiträge zu zahlen. Denn so erwerben Sie vollwertige Pflichtbeitragszeiten in der Rentenversicherung. Und das mit relativ niedrigen eigenen Beiträgen. Sie erfüllen dadurch auch Wartezeiten beispielsweise für einen früheren Rentenbeginn. Ferner können Sie Ansprüche auf Leistungen der Rehabilitation erwerben. Auch den Versicherungsschutz für die Renten wegen Erwerbsminderung können Sie aufrechterhalten.

Praxis-Tipp:

Der bis 31.12.2012 mögliche Verzicht auf die Versicherungsfreiheit konnte im Einzelfall sinnvoll sein, um gezielte versicherungsrechtliche Vorteile zu realisieren. Dementsprechend kann es für Sie genauso sinnvoll sein, seit 2013 die grundsätzlich bestehende Rentenversicherungspflicht zu akzeptieren.

Wichtig: Sofern Sie sich ab dem 01.01.2013 von der Rentenversicherungspflicht befreien lassen wollen, müssen Sie das schriftlich beim Arbeitgeber beantragen.

- Bei mehreren geringfügig entlohnten Beschäftigungen kann der Verzicht nur einheitlich für alle Beschäftigungen beantragt werden.

- Sie sind verpflichtet, alle weiteren Arbeitgeber, bei denen Sie eine geringfügig entlohnte Beschäftigung ausüben, über diesen Befreiungsantrag zu informieren. Das gilt auch für Arbeitgeber, bei denen Sie erst in der Zukunft eine geringfügige Beschäftigung aufnehmen.

- Die Verzichtserklärung ist für die Dauer der Beschäftigungen bindend. Sie kann nicht widerrufen werden.

- Die Befreiung wirkt frühestens vom dem Tag nach Eingang der Erklärung bei dem Arbeitgeber, es sei denn, Sie wünschen einen späteren Termin.

- Der Arbeitgeber hat den Antrag zu den Lohnunterlagen nehmen.

Praxis-Tipp:
Der Antrag auf Befreiung von der Versicherungspflicht muss schriftlich beim Arbeitgeber gestellt werden. Als Arbeitnehmer müssen Sie den Antrag eigenhändig unterschreiben. Deshalb können Sie den Antrag nicht elektronisch beim Arbeitgeber abgeben. Nutzen Sie für den Antrag das nachstehende Muster der Verzichtserklärung (vgl. Seite 56). Das Muster entspricht der Anlage 2 der Geringfügigkeitsrichtlinien vom 21.11.2018.

Das in dem Muster „Anlage 2" genannte Merkblatt „Aufklärung über die möglichen Folgen einer Befreiung von der Rentenversicherungspflicht" hat folgenden Wortlaut:

Allgemeines

Seit dem 1. Januar 2013 unterliegen Arbeitnehmer, die eine geringfügig entlohnte Beschäftigung (450-Euro-Minijob) ausüben, grundsätzlich der Versicherungs- und vollen Beitragspflicht in der gesetzlichen Rentenversicherung. Der vom Arbeitnehmer zu tragende Anteil am Rentenversicherungsbeitrag beläuft sich auf 3,6 Prozent (bzw. 13,6 Prozent bei geringfügig entlohnten Beschäftigungen in Privathaushalten) des Arbeitsentgelts. Er ergibt sich aus der Differenz zwischen dem Pauschalbeitrag des Arbeitgebers (15 Prozent bei geringfügig entlohnten Beschäftigungen im gewerblichen Bereich bzw. 5 Prozent bei solchen in Privathaushalten) und dem vollen Beitrag zur Rentenversicherung in Höhe von 18,6 Prozent. Zu beachten ist, dass der volle Rentenversicherungsbeitrag mindestens von einem Arbeitsentgelt in Höhe von 175 Euro zu zahlen ist.

Vorteile der vollen Beitragszahlung zur Rentenversicherung

Die Vorteile der Versicherungspflicht für den Arbeitnehmer ergeben sich aus dem Erwerb von Pflichtbeitragszeiten in der Rentenversicherung. Das bedeutet, dass die Beschäftigungszeit in vollem Umfang für die Erfüllung der verschiedenen Wartezeiten (Mindestversicherungszeiten) berücksichtigt wird. Pflichtbeitragszeiten sind beispielsweise Voraussetzung für

- einen früheren Rentenbeginn,

- Ansprüche auf Leistungen zur Rehabilitation (sowohl im medizinischen Bereich als auch im Arbeitsleben),

- den Anspruch auf Übergangsgeld bei Rehabilitationsmaßnahmen der gesetzlichen Rentenversicherung,

- die Begründung oder Aufrechterhaltung des Anspruchs auf eine Rente wegen Erwerbsminderung,

- den Anspruch auf Entgeltumwandlung für eine betriebliche Altersversorgung und

- die Erfüllung der Zugangsvoraussetzungen für eine private Altersvorsorge mit staatlicher Förderung (z. B. die sogenannte Riester-Rente) für den Arbeitnehmer und gegebenenfalls sogar den Ehepartner.

Darüber hinaus wird das Arbeitsentgelt nicht nur anteilig, sondern in voller Höhe bei der Berechnung der Rente berücksichtigt.

Antrag auf Befreiung von der Rentenversicherungspflicht

Ist die Versicherungspflicht nicht gewollt, kann sich der Arbeitnehmer von ihr befreien lassen. Hierzu muss er seinem Arbeitgeber – möglichst mit dem beiliegenden Formular – schriftlich mitteilen, dass er die Befreiung von der Versicherungspflicht in der Rentenversicherung wünscht. Übt der Arbeitnehmer mehrere geringfügig entlohnte Beschäftigungen aus, kann der Antrag auf Befreiung nur einheitlich für alle zeitgleich ausgeübten geringfügigen Beschäftigungen gestellt werden. Über den Befreiungsantrag hat der Arbeitnehmer alle weiteren – auch zukünftige – Arbeitgeber zu informieren, bei denen er eine geringfügig entlohnte Beschäftigung ausübt. Die Befreiung von der Versicherungspflicht ist für die Dauer der Beschäftigung(en) bindend; sie kann nicht widerrufen werden.

Die Befreiung wirkt grundsätzlich ab Beginn des Kalendermonats des Eingangs beim Arbeitgeber, frühestens ab Beschäftigungsbeginn. Voraussetzung ist, dass der Arbeitgeber der Minijob-Zentrale die Befreiung bis zur nächsten Entgeltabrechnung, spätestens innerhalb von 6 Wochen nach Eingang des Befreiungsantrages bei ihm meldet. Anderenfalls beginnt die Befreiung erst nach Ablauf des Kalendermonats, der dem Kalendermonat des Eingangs der Meldung bei der Minijob-Zentrale folgt.

Konsequenzen aus der Befreiung von der Rentenversicherungspflicht

Geringfügig entlohnte Beschäftigte, die die Befreiung von der Rentenversicherungspflicht beantragen, verzichten freiwillig auf die oben genannten Vorteile. Durch die Befreiung zahlt lediglich der Arbeitgeber den Pauschalbeitrag in Höhe von 15 Prozent (bzw. 5 Prozent bei Beschäftigungen in Privathaushalten) des Arbeitsentgelts. Die Zahlung eines Eigenanteils durch den Arbeitnehmer entfällt hierbei. Dies hat zur Folge, dass der Arbeitnehmer nur anteilig Monate für die Erfüllung der verschiedenen Wartezeiten erwirbt und auch das erzielte Arbeitsentgelt bei der Berechnung der Rente nur anteilig berücksichtigt wird.

Hinweis: Bevor sich ein Arbeitnehmer für die Befreiung von der Rentenversicherungspflicht entscheidet, wird eine individuelle Beratung bezüglich der rentenrechtlichen Auswirkungen der Befreiung bei einer Auskunfts- und Beratungsstelle der Deutschen Rentenversicherung empfohlen. Das Servicetelefon der Deutschen Rentenversicherung ist kostenlos unter der 0800/1000 480 70 zu erreichen.

2

Antrag auf Befreiung von der Rentenversicherungspflicht bei einer geringfügig entlohnten Beschäftigung nach § 6 Absatz 1b Sozialgesetzbuch – Sechstes Buch – (SGB VI)

Arbeitnehmer:

Name: _____

Vorname: _____

Rentenversicherungsnummer: | | | | | | | | | | | | |

2

Hiermit beantrage ich die Befreiung von der Versicherungspflicht in der Rentenversicherung im Rahmen meiner geringfügig entlohnten Beschäftigung und verzichte damit auf den Erwerb von Pflichtbeitragszeiten. Ich habe die Hinweise auf dem „Merkblatt
über die möglichen Folgen einer Befreiung von der Rentenversicherungspflicht" zur Kenntnis genommen.

Mir ist bekannt, dass der Befreiungsantrag für alle von mir zeitgleich ausgeübten geringfügig entlohnten Beschäftigungen gilt und
für die Dauer der Beschäftigungen bindend ist; eine Rücknahme ist nicht möglich. Ich verpflichte mich, alle weiteren Arbeitgeber,
bei denen ich eine geringfügig entlohnte Beschäftigung ausübe, über diesen Befreiungsantrag zu informieren.

_____   _____
(Ort, Datum)   (Unterschrift des Arbeitnehmers bzw.
                                    bei Minderjährigen Unterschrift des gesetzlichen Vertreters)

Arbeitgeber:

Name: _____

Betriebsnummer: | | | | | | | | |

Der Befreiungsantrag ist am | | | | | | | | | bei mir eingegangen.
                            T T M M J J J J

Die Befreiung wirkt ab dem | | | | | | | | | .
                           T T M M J J J J

_____   _____
(Ort, Datum)   (Unterschrift des Arbeitgebers)

> **Hinweis für den Arbeitgeber:**
> Der Befreiungsantrag ist nach § 8 Absatz 2 Nr. 4a Beitragsverfahrensverordnung (BVV) zu den Entgeltunterlagen zu nehmen und
> nicht an die Minijob-Zentrale zu senden.

Praxis-Tipp:

Als Arbeitgeber sind Sie nicht verpflichtet, den Arbeitnehmer
darauf hinzuweisen, dass er auf die Rentenversicherungspflicht verzichten kann. Dagegen waren Sie als Arbeitgeber
bei einem Minijob, der vor dem 01.01.2013 aufgenommen

wurde, gesetzlich verpflichtet, Ihren Arbeitnehmer über die Möglichkeit zu informieren, dass die Beiträge in der Rentenversicherung aufgestockt werden können. Sorgen Sie immer dafür, dass alles schriftlich dokumentiert wird.

Wichtig: Sie können sich als Arbeitnehmer immer nur für die Zukunft für die Befreiung von der Rentenversicherungspflicht entscheiden. Deshalb beginnt die Rentenversicherungsfreiheit erst nach dem Tag des Eingangs Ihrer schriftlichen Erklärung beim Arbeitgeber. Es steht Ihnen frei, einen späteren Zeitpunkt zu bestimmen.

2

Eine Besonderheit gilt, wenn Sie Ihre Arbeit gerade erst aufgenommen haben. In diesem Fall reicht es aus, wenn Sie Ihre Verzichtserklärung Ihrem Arbeitgeber innerhalb von zwei Wochen einreichen. Auch dann gilt die Versicherungspflicht vom Beginn dieser Beschäftigung an.

Praxis-Tipp:
Überlegen Sie sich gut, ob Sie auf die Versicherungspflicht verzichten wollen. Denn der Verzicht gilt für die gesamte Dauer des 450-Euro-Jobs. Sie können den Verzicht nicht widerrufen. Erst wenn Sie einen neuen Minijob annehmen, können Sie sich neu für oder gegen die Versicherungspflicht entscheiden.

Rechnen Sie mit spitzem Stift: schwankender Lohn

Saisonarbeiter kennen das Problem: Die Sonne scheint, die Gastwirtschaft ist voll und der Kellner bekommt genau deswegen keinen Feierabend. Natürlich verdient er mehr. Aber er soll nicht die Vorteile des Minijobs verlieren.

Das bedeutet, wenn im Rahmen eines Dauerarbeitsverhältnisses saisonbedingt unterschiedliche Arbeitsentgelte gezahlt werden und deshalb die 450-Euro-Grenze „gelegentlich" und „nicht vorhersehbar" überschritten wird, liegt dennoch ein Minijob vor. „Gelegentlich" ist ein Zeitraum von bis zu drei Monaten innerhalb eines Zeitjahres. „Vorhersehbar" ist zum Beispiel das regelmäßige

Urlaubs- oder Weihnachtsgeld. Dagegen wäre beispielsweise ein längerer Arbeitseinsatz wegen Ausfalls von Kollegen „nicht vorhersehbar".

Ermitteln Sie den Jahreszeitraum, indem Sie vom letzten Tag des zu beurteilenden Beschäftigungsmonats ein Jahr zurückrechnen. Dabei gilt der Kalendermonat als Entgeltabrechnungszeitraum. Das maßgebende Zeitjahr entspricht einem Zeitraum von zwölf Monaten und endet mit dem Kalendermonat, für den aktuell zu beurteilen ist, ob eine unvorhergesehene Überschreitung der Entgeltgrenze vorliegt.

2

> **Praxis-Tipp:**
> Bei schwankenden Arbeitsentgelten oder Dauerarbeitsverhältnissen mit saisonbedingt unterschiedlichen Arbeitsentgelten gehen die Vorteile der Minijobs nicht in jedem Fall verloren.

Wichtig: Wenn Sie schwankende Arbeitsentgelte schätzen müssen, bleibt diese Feststellung sogar unverändert für die Vergangenheit maßgebend, wenn sie mit den tatsächlichen Arbeitsentgelten aus der Beschäftigung nicht übereinstimmt.

Beispiel:

Sie üben einen Minijob aus und werden überraschend von Ihrem Arbeitgeber gebeten, für einen Monat zusätzlich eine Urlaubsvertretung zu übernehmen. Bis zu diesem Zeitpunkt haben Sie monatlich 240 EUR verdient. Anschließend erhalten Sie für den Monat 480 EUR.

Sie bleiben mit Ihrem Minijob versicherungsfrei. Grund: Sie überschreiten nur für die Dauer von einem Monat gelegentlich und unvorhersehbar die Verdienstgrenze.

Beispiel:

Als familienversicherte Raumpflegerin arbeiten Sie seit dem 01.01.2017 gegen ein monatliches Arbeitsentgelt von 420 EUR. Sie haben sich in dem Minijob von der Rentenversicherungspflicht befreien lassen. Ende Juli 2018 bittet der Arbeitgeber Sie überraschend, vom 01.08. bis zum 30.09.2018 zusätzlich die Krankheitsvertretung für eine Vollzeitkraft zu übernehmen. Dadurch kommen Sie in den Monaten August und September 2018 auf monatlich 2.000 EUR.

Obwohl Sie wegen der Krankheitsvertretung das regelmäßige monatliche Arbeitsentgelt im Durchschnitt der Jahresbetrachtung (01.01.2018 bis 31.12.2018) die für die Annahme einer geringfügig entlohnten Beschäftigung maßgebende Entgeltgrenze von 450 EUR überschreiten, bleiben Ihre Vorteile des Minijobs in vollem Umfang erhalten. Auch für die Zeit vom 01.08. bis zum 30.09.2018 haben Sie weiterhin einen Minijob. Grund: Es handelt sich innerhalb des maßgebenden Zeitraums (01.10.2017 bis 30.09.2018) nur um ein gelegentliches – das heißt maximal dreimaliges – und nicht vorhersehbares Überschreiten der Arbeitsentgeltgrenze. Ihr Arbeitgeber hat weiterhin Pauschalbeiträge zur Kranken- und Rentenversicherung aufgrund des durchgehenden Minijobs zu zahlen. Das gilt auch für die Zeit vom 01.08. bis zum 30.09.2018. Die Befreiung von der Rentenversicherungspflicht wirkt fort.

Hinweis: Vgl. auch die Fortsetzung des Beispiels auf Seite 78.

Der Arbeitgeber kann im Normalfall auch eine Jahresprognose anstellen, wenn damit zu rechnen ist, dass die Arbeitszeiten unvorhersehbar in der Höhe schwanken. Dann muss von vornherein feststehen, dass im Laufe des Jahres die Grenze von 12 x 450 EUR = 5.400 EUR nicht überschritten wird. Im Rahmen der Prognose muss nicht festgelegt werden, in welchen Monaten das Arbeitsentgelt voraussichtlich die Grenze von 450 EUR überschreitet.

Beispiel:

Sie sind Kellner in einem Eiscafé. In den Monaten April bis September erzielen Sie monatlich 560 EUR. In den Monaten Oktober bis März erhalten Sie dagegen nur 340 EUR monatlich.

Für die versicherungsrechtliche Beurteilung Ihres Minijobs ermitteln Sie das maßgebende Arbeitsentgelt wie folgt:

April bis September (6 x 560 EUR)	= 3.360 EUR
Oktober bis März (6 x 340 EUR)	= 2.040 EUR
Summe	**= 5.400 EUR**

Damit beträgt das monatliche Arbeitsentgelt nur ein Zwölftel des Jahresbetrags von 5.400 EUR, also genau 450 EUR. Das hat den Vorteil, dass Sie die Arbeitsentgeltgrenze von 450 EUR einhalten und Sie als Kellner geringfügig entlohnt beschäftigt sind. Dabei besteht in der Kranken- und Arbeitslosenversicherung Versicherungsfreiheit und keine Versicherungspflicht in der Pflegeversicherung. Allerdings besteht Versicherungspflicht in der Rentenversicherung, von der Sie sich auf Antrag befreien lassen können. Ihr Arbeitgeber hat Pauschalbeiträge zur Krankenversicherung und gemeinsam mit Ihnen als Arbeitnehmer Pflichtbeiträge zur Rentenversicherung zu zahlen.

Hinweis: Sofern der Arbeitgeber mit einer Prognose arbeitet, können Sie nicht von der Ausnahmeregelung für „gelegentliche" und „nicht vorhersehbare" Überschreitungen profitieren.

Kurzfristige Beschäftigung

Wie bei den 450-Euro-Minijobs können Sie auch bei kurzfristigen Beschäftigungen Vorteile realisieren. Das heißt, die kurzfristigen Minijobs sind von der Sozialversicherung befreit.

Wichtig: Für kurzfristige Minijobs fallen keine Sozialversicherungsbeiträge an. Auch der Arbeitgeber braucht keine Pauschalbeiträge zu zahlen. Allerdings muss der Arbeitgeber gegebenenfalls eine Pauschalsteuer zahlen.

Praxis-Tipp:

Anders als bei den 450-Euro-Minijobs kommt es bei den kurzfristigen Minijobs nicht auf die Höhe des Einkommens an. Sie können daher so viel verdienen wie Sie wollen.

Eine derartige kurzfristige Beschäftigung liegt vor, wenn sie im Laufe eines Kalenderjahres begrenzt ist

- auf nicht mehr als drei Monate oder
- auf insgesamt 70 Arbeitstage.

Achten Sie deshalb darauf, dass die Beschäftigung von vornherein auf nicht mehr als drei Monate oder 70 Arbeitstage befristet ist.

Praxis-Tipp:

Das gilt auch, wenn die Beschäftigung das Kalenderjahr überschreitet.

2

„Eigenart" der Beschäftigung muss kurzfristig sein

Diese Voraussetzung erfordert auch, dass die Beschäftigung „nach ihrer Eigenart" üblicherweise auf diesen Zeitraum begrenzt ist. Selbst wenn die Zeitkomponente im Voraus vertraglich begrenzt ist, müssen Sie auch diese Voraussetzung erfüllen.

Die vage gesetzliche Formulierung, wann eine kurzfristige Beschäftigung nach ihrer „Eigenart" gegeben ist, richtet sich danach, ob sich aus der Art, dem Wesen oder dem Umfang der zu verrichtenden Arbeit eine zeitliche Beschränkung der Beschäftigung ergibt.

Kurzfristige Beschäftigungen üben regelmäßig die Saisonbeschäftigten aus. Zu den typischen Saisonbeschäftigten gehören beispielsweise:

- Aushilfen als Kellner
- Aushilfen bei der Inventur
- Aushilfen in Supermärkten
- Schüler
- Studenten
- Taxifahrer
- Ultimo-Aushilfen bei Banken

Innerhalb des ganz normal laufenden Geschäftsbetriebs kann der Arbeitgeber mit geschickter Aufmerksamkeit auch in diesen Fällen eine kurzfristige Beschäftigung vergeben:

- Aushilfen in Fällen der Krankheitsvertretung

- Aushilfen in Fällen der Urlaubsvertretung

2

Im Voraus planen!

Streichen Sie die Befreiungen für die kurzfristige Beschäftigung möglichst für den ganzen Zeitraum von drei Monaten oder 70 Arbeitstagen ein. Dabei ist wichtig, jeweils zu Beginn einer neuen Beschäftigung zu prüfen, ob diese zusammen mit den schon im Laufe eines Jahres ausgeübten Beschäftigungen die maßgebende Zeitgrenze überschreitet.

Wissen Sie von vornherein, dass mit der neuen Beschäftigung die Zeitgrenze überschritten wird, handelt es sich schon bei der neuen Arbeit nicht mehr um eine kurzfristige Beschäftigung.

Beispiel:

Sie sind Hausfrau und nehmen am 01.05. eine Beschäftigung als Aushilfsverkäuferin gegen ein monatliches Arbeitsentgelt von 1.800 EUR auf. Sie haben eine Sechs-Tage-Woche. Nacheinander vertreten Sie drei Verkäuferinnen während deren Urlaub. Da die Urlaubsvertretung am 15.07. beendet sein soll, wird zunächst von einer kurzfristigen Beschäftigung ausgegangen, die in der Kranken-, Renten- und Arbeitslosenversicherung versicherungsfrei sowie nicht versicherungspflichtig in der Pflegeversicherung bleibt.

Die von Ihnen zuletzt vertretene Verkäuferin teilt Ihrem Arbeitgeber am 15.07. mit, dass sie ihre Arbeit noch nicht am 16.07., sondern erst am 01.08. aufnehmen wird. Somit verlängert sich für Sie die Urlaubsvertretung bis zum 30.07.

Obwohl sich die ursprünglich vorgesehene Beschäftigung verlängert, handelt es sich weiterhin um eine kurzfristige Beschäftigung, weil trotz Verlängerung die Beschäftigung nicht länger als drei Monate dauert. Sie bleiben daher versicherungsfrei.

Abwandlung 1:

Anders als im vorangegangenen Beispiel teilt die zuletzt von Ihnen vertretene Verkäuferin Ihrem Arbeitgeber mit, dass sie nicht bereits am 01.08., sondern erst am 05.08. ihre Arbeit wieder aufnimmt. Ihre Urlaubsvertretung verlängert sich daher bis zum 04.08.

Vom 01.08. an üben Sie keine kurzfristige Beschäftigung mehr aus. Ab diesem Zeitpunkt besteht Versicherungspflicht.

2

Abwandlung 2:

Die zuletzt von Ihnen vertretene Verkäuferin teilt Ihrem Arbeitgeber bereits am 15.07. mit, dass sie ihre Beschäftigung erst am 05.08. aufnehmen wird.

Anders als bei der ersten Abwandlung gilt hier Ihre Urlaubsvertretung bereits vom 15.07. an nicht mehr als kurzfristige Beschäftigung. Ihre Versicherungsfreiheit endet daher am 14.07.

Abwandlung 3:

Die von Ihnen vertretene Verkäuferin teilt Ihrem Arbeitgeber am 15.07. mit, sie sei arbeitsunfähig geworden. Sie erklären sich gegenüber Ihrem Arbeitgeber am selben Tag bereit, die Vertretung für die Dauer der Arbeitsunfähigkeit weiter zu übernehmen.

Hier ist das Ende Ihrer Beschäftigung ungewiss. Deshalb liegt ab dem 15.07. keine kurzfristige Beschäftigung mehr vor. Folglich endet Ihre Versicherungsfreiheit am 14.07. Das gilt selbst dann, wenn Sie tatsächlich Ihre Beschäftigung bereits vor dem 01.08. beenden.

Dauerbeschäftigung ist schädlich

Bei Dauerarbeitsverhältnissen ist eine kurzfristige Beschäftigung ausgeschlossen. Das gilt selbst dann, wenn Sie innerhalb eines Jahres die Zeitdauer von 70 Arbeitstagen nicht überschreiten. Auch bei einem regelmäßig wiederkehrenden Arbeitsverhältnis ist eine kurzfristige Beschäftigung bereits begrifflich ausgeschlossen.

Auch hier gilt dies selbst dann, wenn die Zeitdauer von 70 Arbeitstagen im Jahr nicht überschritten wird.

Beispiel:

Dauerbeschäftigung

Sie sind Hausfrau und arbeiten jeweils an den letzten vier Arbeitstagen im Kalendermonat als Bankkauffrau in einem Geldinstitut. Dafür erhalten Sie monatlich 470 EUR. Weil Sie mehr als 450 EUR verdienen, sind Sie versicherungspflichtig. Dabei ist völlig egal, dass Sie im Laufe eines Jahres nicht mehr als 70 Arbeitstage arbeiten. Die Tatsache, dass Sie als Bankkauffrau eine Dauerbeschäftigung ausüben, schließt eine „kurzfristige" Beschäftigung aus.

Wichtig: Prüfen Sie bei Dauerarbeitsverhältnissen oder bei regelmäßig wiederkehrenden Arbeitsverhältnissen stets, ob Sie die Voraussetzungen für die geringfügig entlohnte Beschäftigung erfüllen.

Beispiel:

Sie haben einen auf längstens ein Jahr befristeten Rahmenarbeitsvertrag abgeschlossen. Folge: Sie erfüllen nur dann die Voraussetzung für eine kurzfristige Beschäftigung, sofern Sie die Beschäftigungsdauer nicht überschreiten werden.

Praxis-Tipp:

Sie können auch dann von einer kurzfristigen Beschäftigung ausgehen, wenn Sie zusätzlich die Voraussetzungen für eine geringfügig entlohnte Beschäftigung erfüllen.

Drei-Monats-Grenze oder 70-Tage-Grenze

Der Drei-Monats-Zeitraum ist nur dann maßgebend, wenn Sie den Minijob an mindestens fünf Tagen in der Woche ausüben. Beschäftigt Sie Ihr Arbeitgeber regelmäßig weniger als fünf Tage in der Woche, müssen Sie auf den Zeitraum von 70 Arbeitstagen abstellen.

Praxis-Tipp:

Sofern Sie einen Nachtdienst übernehmen, der sich über zwei Kalendertage erstreckt, gilt dies als ein einziger Arbeitstag. Auch wenn Sie an einem Kalendertag mehrere kurzfristige Beschäftigungen übernehmen, zählt der Kalendertag nur einfach.

2

Beispiel:

Drei-Monats-Frist

Der Arbeitgeber Eisberg stellt in seinem Betrieb mehrere Hausfrauen für Saisonarbeiten ein. Die regelmäßige Arbeitszeit beträgt sechs Tage in der Woche.

Die Hausfrauen üben nur dann eine kurzfristige Beschäftigung aus, wenn sie die Drei-Monats-Frist nicht überschreiten. Grund: Bei einer Beschäftigung an mindestens fünf Tagen in der Woche – hier erfolgt die Beschäftigung an sechs Tagen in der Woche – gilt die Drei-Monats-Frist.

Abwandlung: 70 Arbeitstage

Der Arbeitgeber stellt mehrere Hausfrauen in seinem Betrieb für Saisonarbeiten ein, wobei die regelmäßige Arbeitszeit vier Tage in der Woche beträgt.

In diesem Fall dürfen die Hausfrauen maximal 70 Arbeitstage arbeiten. Grund: Die Drei-Monats-Frist gilt hier nicht, weil die Beschäftigung weniger als fünf Tage in der Woche beträgt.

Zusammenrechnung bei mehreren kurzfristigen Beschäftigungen

Egal, ob Sie einen 450-Euro-Minijob ausüben oder bei verschiedenen Arbeitgebern tätig sind, müssen Sie mehrere aufeinander folgende kurzfristige Beschäftigungen zusammenrechnen. Nur wenn Sie trotz der Zusammenrechnung den Zeitraum von drei

Monaten bzw. 70 Arbeitstagen nicht überschreiten, profitieren Sie von den kurzfristigen Beschäftigungen.

Praxis-Tipp:

Sie müssen bereits bei Beginn einer neuen Beschäftigung prüfen, ob diese Beschäftigung zusammen mit den bereits im laufenden Kalenderjahr ausgeübten Beschäftigungen die Zeitgrenze überschreitet.

Sofern Sie die Zeitgrenze überschreiten und somit eine regelmäßig ausgeübte Beschäftigung haben, können Sie prüfen, ob Sie von den Vorteilen eines 450-Euro-Minijobs profitieren können.

Beispiel:

Frau Hausen übernimmt am 15.11. eine Stelle als Verkäuferin, die sie bis zum 15.03. des Folgejahres befristet ausüben will. Sie arbeitet in einer Fünf-Tage-Woche und erhält dafür monatlich ein Arbeitsentgelt von 1.500 EUR.

Frau Hausen ist versicherungspflichtig. Die Beschäftigung ist nicht kurzfristig. Grund: Die Beschäftigung ist von vornherein auf mehr als drei Monate befristet. Dabei spielt es keine Rolle, dass die Beschäftigungszeit in den beiden Kalenderjahren jeweils die Grenze von drei Monaten nicht überschreitet.

Tücke im Detail: „Berufsmäßigkeit"

Eine kurzfristige Beschäftigung liegt immer dann nicht mehr vor, wenn Sie die Beschäftigung „berufsmäßig" ausüben **und** der Arbeitslohn aus dieser Beschäftigung 450 EUR überschreitet. Damit soll vermieden werden, dass Sie über eine Vielzahl von kurzfristigen Beschäftigungen die Regelungen für die 450-Euro-Jobs umgehen.

Praxis-Tipp:

Die „Berufsmäßigkeit" braucht nicht geprüft zu werden, wenn das Monatseinkommen die 450-Euro-Grenze nicht überschreitet. Ferner kommt es auf die Berufsmäßigkeit nicht an, wenn die Höchstdauer der Beschäftigung von drei Monaten oder insgesamt 70 Arbeitstagen überschritten ist.

Sobald Sie eine Beschäftigung berufsmäßig ausüben, sind die Vorteile einer kurzfristigen Beschäftigung ausgeschlossen. Sie üben eine Beschäftigung dann berufsmäßig aus, wenn sie für Sie – wie es die Rechtsprechung formuliert – „nicht von untergeordneter wirtschaftlicher Bedeutung" ist.

2

Beispiel:

Sie arbeiten zwischen dem Abitur und dem beabsichtigten Studienbeginn. Eine derartige Tätigkeit ist nicht berufsmäßig, weil sie für Sie von untergeordneter wirtschaftlicher Bedeutung ist.

Praxis-Tipp:

Achten Sie darauf, dass die Beschäftigung nicht allein für die Sicherung des Lebensunterhalts bzw. des Lebensstandards bestimmend ist. Grund: In diesen Fällen wird Berufsmäßigkeit unterstellt. Folge: Die Beschäftigung ist sozialversicherungspflichtig.

Keine Berufsmäßigkeit

In diesen Fällen liegt keine Berufsmäßigkeit vor:

- Sie üben einen kurzfristigen Minijob neben einer Hauptbeschäftigung aus.

- Sie sind Hausfrau/Hausmann und üben daneben einen kurzfristigen Minijob aus.

- Sie sind Altersrentner und haben einen kurzfristigen Minijob angenommen.

- Sie sind Schüler und üben daneben einen kurzfristigen Minijob aus.

- Sie sind Student, stehen dem Arbeitsmarkt jedoch noch nicht dauerhaft zur Verfügung und üben daneben einen kurzfristigen Minijob aus.

- Sie leisten ein freiwilliges soziales oder ökologisches Jahr oder einen vergleichbaren Freiwilligendienst und üben daneben einen kurzfristigen Minijob aus; dabei kann es sich beispielsweise um den entwicklungspolitischen Freiwilligendienst „WELT-WÄRTS" oder dem „Incoming-Freiwilligendienst" handeln.

- Sie leisten den Bundesfreiwilligendienst und üben daneben einen kurzfristigen Minijob aus.

- Sie leisten den freiwilligen Wehrdienst und üben daneben einen kurzfristigen Minijob aus.

Faktische Berufsmäßigkeit

Wenn Sie mehrmals eine Arbeit aufnehmen, die für Sie zwar von untergeordneter wirtschaftlicher Bedeutung ist, kann dennoch eine Berufsmäßigkeit vorliegen. Das wäre der Fall, wenn Sie im Laufe eines Jahres insgesamt mehr als drei Monate oder 70 Arbeitstage arbeiten. Hier wird die Berufsmäßigkeit ohne weitere Prüfung unterstellt. Dabei werden aber nur solche Beschäftigungen berücksichtigt, in denen die Geringfügigkeitsgrenze erreicht beziehungsweise überschritten wird.

Beispiel: _____

Sie sind Hausfrau und nehmen am 13.08. eine Arbeit als Aushilfsverkäuferin an. Dafür erhalten Sie monatlich 1.400 EUR. Ihre Beschäftigung ist von vornherein bis zum 20.09. befristet.

Im letzten Kalenderjahr waren Sie wie folgt beschäftigt:

vom 02.03. bis 15.06.	= 105 Kalendertage
vom 13.08. bis 20.09.	= 38 Kalendertage
Summe	**= 143 Kalendertage**

Die beiden Beschäftigungszeiten können nicht zusammengerechnet werden. Grund: Eine Zusammenrechnung ist nur bei geringfügigen Beschäftigungen möglich. Das bedeutet, eine Beschäftigung mit einer Dauer von mehr als drei Monaten bzw. 70 Arbeitstagen kann in die Zusammenrechnung nicht einbezogen werden.

Bei der zusätzlichen Prüfung, ob die Tätigkeiten berufsmäßig ausgeübt werden, ergibt sich die weitere Tücke. Hier sind die Tätigkeiten dennoch zusammenzurechnen. Grund: Da die Beschäftigungen insgesamt 143 Kalendertage betragen, liegt eine berufsmäßige Beschäftigung vor. Der Zeitraum von 143 Kalendertagen überschreitet den zulässigen Höchstzeitraum von drei Monaten ganz erheblich. Folge: Es besteht Versicherungspflicht in der Kranken-, Renten-, Arbeitslosen- und Pflegeversicherung.

2

Rentner mit kurzfristiger Beschäftigung

Rentner können die Dauer ihrer kurzfristigen Beschäftigung wesentlich großzügiger berechnen.

Beispiel:

Sie sind Verkäuferin und haben Ihre langjährige Beschäftigung zum 30.06. aufgegeben, weil Sie in den Altersvollrentenbezug eingetreten sind. Zuletzt haben Sie 1.800 EUR verdient. Nach diesem Zeitpunkt waren Sie nicht mehr berufstätig. Am 01.08. nehmen Sie eine Beschäftigung als Aushilfsverkäuferin auf, die von vornherein bis zum 31.09. befristet ist.

Obwohl Sie innerhalb des Kalenderjahrs schon alleine wegen Ihrer langjährigen Beschäftigung als Verkäuferin mehr als drei Monate bzw. 70 Arbeitstage gearbeitet haben, ist die Beschäftigung im August kurzfristig. Grund: Die bis zum 30.06. ausgeübte Beschäftigung bleibt außer Betracht, weil Sie aus dem Berufsleben ausgeschieden sind. Die am 01.08. aufgenommene Beschäftigung wird mithin nicht berufsmäßig ausgeübt und bleibt daher versicherungsfrei.

Praxis-Tipp:

Wenn Sie bereits aus dem Berufsleben ausgeschieden sind, können nur Beschäftigungszeiten nach dem Ausscheiden angerechnet werden.

Kurzfristige Beschäftigung neben einer Hauptbeschäftigung

2 Sie können eine kurzfristige Beschäftigung auch ausüben, wenn Sie daneben einer Hauptbeschäftigung nachgehen, die die Geringfügigkeitsgrenze von 450-Euro-Jobs überschreitet.

Beispiel:

Sie sind Kraftfahrer und haben eine Dauerbeschäftigung beim Arbeitgeber Tour. Dafür erhalten Sie monatlich 2.300 EUR. Am 01.07. übernehmen Sie zusätzlich eine Beschäftigung beim Arbeitgeber Bierlig als Kellner. Diese Arbeit ist von vornherein bis zum 30.09. befristet. Als Kellner verdienen Sie monatlich 500 EUR.

Mit Ihrer Arbeit beim Arbeitgeber Tour unterliegen Sie der normalen Versicherungspflicht, weil es sich hier nicht um eine geringfügige Beschäftigung handelt. Allerdings bleibt die Beschäftigung als Kellner versicherungsfrei, weil sie von vornherein auf nicht mehr als drei Monate befristet ist und auch nicht berufsmäßig ausgeübt wird.

Beispiel:

Sie sind Verkäufer und arbeiten beim Arbeitgeber Gewinn für 2.200 EUR monatlich. Am 01.08. übernehmen Sie zusätzlich eine Beschäftigung beim Arbeitgeber Bertram als Taxifahrer. Diese Tätigkeit ist von vornherein bis zum 20.09. befristet. Dafür erhalten Sie monatlich 650 EUR.

Neben Ihrer Beschäftigung beim Arbeitgeber Gewinn waren Sie im laufenden Kalenderjahr wie folgt beschäftigt:

vom 10.01. bis 31.01. (Sechs-Tage-Woche)	= 22 Kalendertage
vom 01.04. bis 30.04. (Sechs-Tage-Woche)	= 30 Kalendertage
vom 01.08. bis 20.09. (Sechs-Tage-Woche)	= 50 Kalendertage
Summe	**= 102 Kalendertage**

Mit Ihrer Beschäftigung beim Arbeitgeber Gewinn unterliegen Sie der Versicherungspflicht. Grund: Es handelt sich nicht um eine geringfügige Beschäftigung. Das Gleiche gilt auch für Ihre Tätigkeit als Taxifahrer beim Arbeitgeber Bertram. Denn es steht bereits zu Beginn der Tätigkeit fest, dass Sie zusammen mit den bereits verrichteten Beschäftigungen die Grenze von drei Monaten überschreiten. Hierbei ist eine Grenze von 90 Kalendertagen maßgebend, weil Sie mehreren Beschäftigungen nachgehen.

Hinweis: Sofern bereits mit Aufnahme der ersten Beschäftigung am 10.01. die gesamten zeitlich danach folgenden Beschäftigungszeiten festgestanden hätten, würde für alle Beschäftigungen Versicherungspflicht bestehen.

2

Besonderheiten in der Arbeitslosenversicherung

Frei sind Sie in der Arbeitslosenversicherung, wenn Sie eine geringfügige Beschäftigung ausüben. Eine positive Ausnahmeregelung besteht für Sie als Arbeitnehmer, wenn Sie neben dem Anspruch auf Arbeitslosengeld zwar mehr als eine nur geringfügige, aber doch eine „kurzzeitige" Beschäftigung ausüben. Auch dann bleiben Sie in der Arbeitslosenversicherung versicherungsfrei.

Praxis-Tipp:

Als „kurzzeitig" gilt hier eine Beschäftigung, deren wöchentliche Arbeitszeit weniger als 15 Stunden beträgt.

Wichtig: Die Versicherungsfreiheit gilt nicht, wenn Sie Teilarbeitslosengeld beziehen. In diesen Fällen sind Sie nur dann in der Arbeitslosenversicherung frei, wenn Sie eine geringfügig entlohnte Beschäftigung ausüben, das heißt nicht mehr als 450 EUR verdienen.

2

Beispiel:

Sie beziehen Arbeitslosengeld. Sie nehmen für die Zeit vom 01.08. bis 20.08. eine Beschäftigung als Kellner auf. Sie erhalten ein Arbeitsentgelt von 500 EUR.

Die Tätigkeit als Kellner wird wegen des Bezugs von Arbeitslosengeld als berufsmäßige Beschäftigung angesehen. Folge: Es besteht Versicherungspflicht in der Kranken-, Renten- und Pflegeversicherung.

Der Grund für diese Behandlung liegt auch in der Lohnhöhe. Die anteilige Arbeitsentgeltgrenze von 450 EUR wird bei einem Entgelt von 500 EUR bei weitem überschritten. Somit liegt keine geringfügige Beschäftigung vor. Folglich sind Sie versicherungspflichtig in der Kranken-, Renten- und Pflegeversicherung.

Frei sind Sie dagegen in der Arbeitslosenversicherung. Grund: Die wöchentliche Arbeitszeit beträgt weniger als 15 Stunden.

Praxis-Tipp:

Sobald Sie ein Dauerarbeitsverhältnis aufnehmen, können Sie die Vorteile der kurzfristigen Beschäftigung vergessen. Denn ein über zwölf Monate hinausgehender Rahmenarbeitsvertrag wird nicht als kurzfristige Beschäftigung, sondern als Dauerbeschäftigung behandelt. Da hilft es auch nichts, wenn Sie tatsächlich die Drei-Monats-Grenze oder die 70-Tage-Grenze nicht überschreiten.

Jahreszeitraum richtig berechnen

Eine wichtige Rolle spielt die Berechnung des maßgebenden Zeitraums. Ob Sie mehr als drei Monate oder 70 Arbeitstage gearbeitet haben, bezieht sich in diesen Fällen auf das Kalenderjahr.

Praxis-Tipp:

Früher bezog sich der Zeitraum auf das „Beschäftigungsjahr". Der neue Bezug auf das Kalenderjahr ist wesentlich einfacher und eindeutiger.

Beispiel:

Urlaubsvertretung

2

Sie sind Hausfrau und nehmen am 02.05. eine Beschäftigung als Aushilfsverkäuferin auf. Sie übernehmen die Urlaubsvertretung, die von vornherein bis zum 08.07. befristet ist. Sie haben von Beginn der Beschäftigung an einen Anspruch auf Fortzahlung des Entgelts im Krankheitsfall. Die wöchentliche Arbeitszeit beträgt sechs Arbeitstage.

Sie waren im laufenden Kalenderjahr wie folgt beschäftigt:

vom 02.01. bis 25.01. (Fünf-Tage-Woche)	= 24 Kalendertage
vom 31.03. bis 15.04. (Sechs-Tage-Woche)	= 16 Kalendertage
vom 02.05. bis 08.07. (Sechs-Tage-Woche)	= 68 Kalendertage
Summe	**= 108 Kalendertage**

Die am 02.05. beginnende Beschäftigung ist versicherungspflichtig, weil bereits zu Beginn dieser Tätigkeit feststeht, dass sie zusammen mit den im laufenden Kalenderjahr bereits verrichteten Arbeiten die Grenze von drei Monaten überschreitet. Dabei ist hier ein Zeitraum von 90 Kalendertagen zugrunde zu legen.

Hinweis: Sofern bereits am 02.01. feststünde, dass auch alle folgenden Beschäftigungen aufgenommen werden, würde die Versicherungspflicht sogar für alle Beschäftigungen gelten.

Beispiel: _____

Kurzfristige Beschäftigung oder Minijob

Sie sind eine familienversicherte Verkäuferin und arbeiten befristet vom 02.05. bis zum 28.06. (Sechs-Tage-Woche)	57 Kalendertage
dafür erhalten Sie monatlich	720 EUR
Außerdem arbeiten Sie befristet vom 03.08. bis zum 30.09. (Sechs-Tage-Woche)	59 Kalendertage
dafür erhalten Sie monatlich	310 EUR

Die zweite Beschäftigung, die am 03.08. beginnt, ist nicht kurzfristig. Grund: Bereits zu Beginn dieser Tätigkeit steht fest, dass sie zusammen mit der ersten Beschäftigung die Grenze von drei Monaten überschreitet. Maßgebend sind hierbei 90 Kalendertage.

Jedoch erfüllt die zweite Beschäftigung die Voraussetzung des 450-Euro-Jobs und ist deshalb versicherungsfrei in der Kranken- und Arbeitslosenversicherung. Somit besteht auch keine Versicherungspflicht in der Pflegeversicherung. Grund: Das monatliche Arbeitsentgelt übersteigt 450 EUR nicht.

In der Rentenversicherung liegt Versicherungspflicht vor, von der Sie sich auf Antrag befreien lassen können. Der Arbeitgeber hat Pauschalbeiträge zur Krankenversicherung und gemeinsam mit Ihnen als Arbeitnehmer Pflichtbeiträge zur Rentenversicherung zu zahlen.

Beispiel: _____

Zwei kurzfristige Beschäftigungen über zwei Monate

Sie sind bis zum 02.08. familienversichert und arbeiten als Verkäuferin befristet vom 02.05. bis zum 28.06. (Sechs-Tage-Woche)	57 Kalendertage
Sie erhalten dafür monatlich	300 EUR
Außerdem arbeiten Sie befristet bei einem anderen Arbeitgeber vom 03.08. bis zum 30.09. (Sechs-Tage-Woche)	59 Kalendertage
Sie erhalten dafür monatlich	700 EUR

Die erste Beschäftigung ist für Sie **eine kurzfristige** Beschäftigung. Grund: Sie überschreiten mit dieser Arbeit die Grenze von drei Monaten nicht, wobei auch hier ein Zeitraum von 90 Kalendertagen zugrunde zu legen ist.

Die zweite Beschäftigung ist für Sie **keine kurzfristige** Beschäftigung, weil bereits zu Beginn der Arbeit feststeht, dass sie zusammen mit der ersten Beschäftigung die Grenze von drei Monaten überschreitet (90 Kalendertage).

Die zweite Beschäftigung ist auch **keine geringfügig entlohnte** Beschäftigung. Grund: Sie verdienen zu viel, denn das Arbeitsentgelt liegt über 450 EUR. Folge: Die Zweitbeschäftigung ist versicherungspflichtig in der Kranken-, Renten-, Arbeitslosen- und Pflegeversicherung.

Hier sind deshalb keine Pauschalbeiträge, sondern individuelle Beiträge zu zahlen.

2

Zeitraum beim Jahreswechsel richtig berechnen

Auch wenn Ihre Beschäftigung über den Wechsel eines Kalenderjahrs hinaus besteht, muss der Zeitraum richtig berechnet werden. Bei einer über den Jahreswechsel bestehenden Beschäftigung werden die Vorbeschäftigungen des laufenden Kalenderjahrs mitgerechnet. Führt dies zur Versicherungspflicht, gilt das für die Beschäftigung auch über den Jahreswechsel hinaus. Versicherungsrechtlich wird die Beschäftigung zum Jahreswechsel nicht aufgeteilt.

Sofern die Dauer von drei Monaten bzw. 70 Arbeitstagen bei Beginn der Beschäftigung, die den Wechsel des Kalenderjahrs überschreitet, noch nicht erreicht ist, bleibt sie versicherungsfrei. Voraussetzung: Die Frist darf im Kalenderjahr insgesamt nicht überschritten werden.

Beispiel: ───────────────────────────────

Beschäftigung über den Jahreswechsel

Sie sind Hausfrau und nehmen am 01.12. eine Beschäftigung als Aushilfsverkäuferin an. Dafür erhalten Sie ein Arbeitsentgelt von monatlich 1.000 EUR. Diese Beschäftigung ist nach den mit Ihrem Arbeitgeber getroffenen Vereinbarungen bis zum 28.02. des Folgejahres befristet. Außerdem haben Sie im laufenden Kalenderjahr bereits vom 01.06. bis zum 31.08. eine Beschäftigung ausgeübt.

Mit der Beschäftigung, die Sie am 01.12. aufnehmen, sind Sie versicherungspflichtig in der Kranken-, Renten-, Arbeitslosen- und Pflegeversicherung. Grund: Die Beschäftigung ist nicht kurzfristig, weil bereits zu Beginn feststeht, dass die Beschäftigungsdauer mehr als drei Monate beträgt. Bei der Berechnung der Dauer zählt die Vorbeschäftigung im laufenden Kalenderjahr mit.

Auch über den Jahreswechsel hinaus bleibt die Beschäftigung versicherungspflichtig. Denn bei Beschäftigungen, die den Wechsel von Kalenderjahren überschreiten, ist eine getrennte Beurteilung versicherungsrechtlich ausgeschlossen.

Beispiel:

Kurzfristige Beschäftigung über den Jahreswechsel

Sie sind Hausfrau und übernehmen am 01.12. eine Beschäftigung als Aushilfsverkäuferin. Dafür erhalten Sie ein monatliches Arbeitsentgelt von 900 EUR. Die Beschäftigung ist nach den mit Ihrem Arbeitgeber getroffenen Vereinbarungen bis zum 28.02. des Folgejahres befristet. Sie haben im laufenden Kalenderjahr bereits vom 01.07. bis zum 31.08. eine Beschäftigung ausgeübt.

Hier ist die am 01.12. aufgenommene Beschäftigung kurzfristig. Folge: Die Beschäftigung ist versicherungsfrei in der Kranken-, Renten-, Arbeitslosenversicherung und nicht versicherungspflichtig in der Pflegeversicherung. Anders als im vorhergehenden Beispiel steht hier zu Beginn der Beschäftigung fest, dass die Dauer im laufenden Kalenderjahr nicht mehr als drei Monate beträgt. Dabei zählt die Vorbeschäftigung mit.

Auch hier überschreitet die zweite Beschäftigung den Wechsel des Kalenderjahrs. Dennoch kommt eine getrennte Beurteilung versicherungsrechtlich nicht in Betracht. Folge: Die Beschäftigung bleibt hier über den Jahreswechsel hinaus versicherungsfrei.

Praxis-Tipp:

Sofern Sie ein- und derselbe Arbeitgeber wiederholt beschäftigt, profitieren Sie so lange von der „kurzfristigen Beschäftigung", wie Sie im laufenden Kalenderjahr die Zeitgrenze von drei Monaten bzw. 70 Arbeitstagen nicht überschreiten. Das gilt nur, solange Sie keinen Rahmenarbeitsvertrag abschließen.

2

Tricks bei Überschreiten der Arbeitsentgelt- und Zeitgrenzen

Geringfügig entlohnte Beschäftigungen

Für Sie ist es von entscheidender Bedeutung, dass eine Versicherungspflicht mit dem Tag beginnt, an dem Sie die Geringfügigkeitsgrenze verletzen. Sobald Sie regelmäßig mehr als 450 EUR verdienen, sind Sie versicherungspflichtig. Für die zurückliegende Zeit bleiben Sie versicherungsfrei.

Beispiel:

Gehaltserhöhung

Sie sind Raumpflegerin und erhalten monatlich 440 EUR. Am 15.05. vereinbaren Sie mit Ihrem Arbeitgeber eine Gehaltserhöhung. Mit Wirkung vom 01.06. erhalten Sie 460 EUR.

Die Versicherungsfreiheit endet in der Kranken- und Arbeitslosenversicherung sowie das Nichtbestehen von Versicherungspflicht in der Pflegeversicherung am 31.05. Grund: Das Arbeitsentgelt überschreitet vom 01.06. an die 450-Euro-Grenze.

In der Rentenversicherung besteht bis 31.05. Versicherungspflicht aufgrund einer geringfügig entlohnten Beschäftigung, sofern Sie sich als Arbeitnehmerin nicht von der Rentenversicherungspflicht befreien lassen. Ab 01.06. besteht Versicherungspflicht in der Kranken-, Pflege-, Renten- und Arbeitslosenversicherung, weil eine mehr als nur geringfügige Beschäftigung vorliegt.

2

Praxis-Tipp:

Auch wenn Sie ab einem bestimmten Zeitpunkt die Geringfügigkeitsgrenze überschreiten, behalten Sie für den in der Vergangenheit bezogenen Arbeitslohn die Versicherungsfreiheit.

Nutzen Sie auch diesen Trick

Wenn Sie nur gelegentlich und nicht vorhersehbar die Zeit- oder Arbeitsentgeltgrenzen verletzen, führt das noch nicht zur Versicherungspflicht. Als „gelegentlich" wird dabei ein Zeitraum bis zu drei Monaten innerhalb eines Jahres angesehen.

Beispiel:

Überraschende Urlaubsvertretung (2018)
Fortführung des Beispiels von Seite 59

Sie sind seit dem 01.01.2017 eine familienversicherte Raumpflegerin. Dafür erhalten Sie monatlich 420 EUR. Ende Juli 2018 fragt Ihr Arbeitgeber, ob Sie überraschend vom 01.08. bis zum 30.09.2018 zusätzlich eine Urlaubsvertretung für eine Vollzeitkraft übernehmen könnten. Sie nehmen die Tätigkeit an. Dadurch erhöht sich Ihr Arbeitsentgelt in den Monaten August und September 2018 auf monatlich 2.000 EUR.

Ende Oktober 2018 bittet Sie Ihr Arbeitgeber erneut überraschend zusätzlich eine krankheitsbedingte Vertretung für eine Vollzeitkraft zu übernehmen. Ihr Arbeitsentgelt im Monat November 2018 erhöht sich so auf 2.000 EUR. Ab dem 01.12.2018 erhalten Sie wieder 420 EUR monatlich.

Mit dem Arbeitsentgelt aus der Urlaubsvertretung übersteigt Ihr regelmäßiges monatliches Arbeitsentgelt die 450-Euro-Grenze. Das gilt auch, wenn man den Durchschnitt der Jahresbetrachtung (01.01. bis 31.12.2018) berechnet. Dennoch bleiben Sie auch in der Zeit vom 01.11.2018 bis 31.12.2018 geringfügig entlohnt beschäftigt, da es sich innerhalb des maßgebenden Zeitraums (01.12.2017 bis 30.11.2018) nur um ein gelegentliches – das heißt maximal dreimaliges – und nicht vorhersehbares Überschreiten der Arbeitsentgeltgrenze handelt. Somit hat Ihr Arbeitgeber wegen durchgehender Versicherungsfreiheit Pauschalbeiträge zur Kranken- und Rentenversicherung zu zahlen. Das gilt auch für die Zeit vom 01.11. bis zum 31.12.2018.

2

Beispiel:

Überraschende Urlaubsvertretung (2019)

Sie sind eine familienversicherte Raumpflegerin (Fortführung des vorangegangenen Beispiels). Dafür erhalten Sie monatlich 420 EUR. Ende Juni 2019 fragt Ihr Arbeitgeber, ob Sie überraschend vom 01.07. bis zum 31.07.2019 zusätzlich eine Krankheitsvertretung für eine Vollzeitkraft übernehmen könnten. Sie nehmen die Tätigkeit an. Dadurch erhöht sich Ihr Arbeitsentgelt im Monat Juli 2019 auf monatlich 2.000 EUR. Ab dem 01.08.2019 erhalten Sie wieder laufend 420 EUR monatlich.

Im Monat Juli 2019 sind Sie versicherungspflichtig in der Kranken-, Renten-, Arbeitslosen- und Pflegeversicherung. Grund: Ihr regelmäßiges monatliches Arbeitsentgelt überschreitet unter Berücksichtigung der Krankheitsvertretung im Durchschnitt der Jahresbetrachtung (01.01. bis 31.12.2019) die seit dem 01.01.2013 maßgebende Entgeltgrenze von 450 EUR. Für sich allein betrachtet wäre diese gelegentliche Überschreitung des Arbeitsentgelts zwar unbeachtlich. Jedoch kommt hier die Tatsache hinzu, dass innerhalb des „Zeitjahres" – also innerhalb des maßgebenden Zeitraums vom 01.08.2017 bis 31.07.2019 – bereits in den Monaten August, September und November 2018 ein nicht vorhersehbares Überschreiten der Arbeitsentgeltgrenze vorlag. Deshalb kann die Überschreitung des Arbeitsentgelts im Monat Juli 2019 nicht mehr als „gelegentliches Überschreiten" der Arbeitsentgeltgrenze angesehen werden.

Ab dem 01.08.2019 üben Sie jedoch wieder eine geringfügig entlohnte Beschäftigung aus, weil das regelmäßige monatliche Arbeitsentgelt im Durchschnitt einer von diesem Zeitpunkt an neu angestellten Jahresbetrachtung die Grenze von 450 EUR nicht übersteigt. Denn ab diesem Zeitpunkt überschreiten Sie aufgrund der dauerhaften Reduzierung bzw. Weiterzahlung des vertraglich vereinbarten Arbeitsentgelts von 420 EUR nicht mehr die 450-Euro-Grenze.

Wichtig: In der Rentenversicherung ergibt sich ab diesem Zeitpunkt allerdings Versicherungspflicht. Sie können sich als Arbeitnehmer jedoch von der Rentenversicherungspflicht befreien lassen.

Diese Falle können Sie vermeiden

Aufpassen müssen Sie, wenn Sie bei demselben Arbeitgeber nacheinander einen geringfügig entlohnten Minijob und eine kurzfristige Beschäftigung ausüben wollen. Versicherungsfrei bleiben Sie nur, wenn die kurzfristige Beschäftigung von dem 450-Euro-Job völlig unabhängig ist. Denn sonst spricht vieles dafür, dass das Dauerarbeitsverhältnis fortgesetzt wird.

So taktieren Sie bei rückwirkender Lohnerhöhung

Die 450-Euro-Grenze kann auch überschritten werden, wenn Sie rückwirkend eine Lohnerhöhung durchsetzen. Versicherungspflichtig werden Sie mit dem Tag, an dem der Anspruch auf das erhöhte Arbeitsentgelt entstanden ist. Das wäre beispielsweise der Tag, an dem Sie den Tarifvertrag abgeschlossen haben.

Für die zurückliegende Zeit bleibt es bei der Versicherungsfreiheit. Doch sind auch für das nachgezahlte Arbeitsentgelt Pauschalbeiträge zu zahlen. Die Pauschalbeiträge sind auch von dem Betrag zu berechnen, der die 450-Euro-Grenze übersteigt.

Beispiel:

Rückwirkende Gehaltserhöhung

Sie sind familienversicherte Raumpflegerin und verdienen monatlich 440 EUR. Am 15.08. wird ein Tarifvertrag abgeschlossen, so dass sich Ihr Arbeitsentgelt rückwirkend vom 01.07. an auf 470 EUR erhöht.

Die 450-Euro-Grenze wird zwar bereits am 01.07. überschritten. Dennoch beginnt die Versicherungspflicht in der Kranken-, Renten-, Arbeitslosen- und Pflegeversicherung erst am 15.08. Grund: An diesem Tag ist der Anspruch auf Ihren erhöhten Lohn entstanden. Für die Zeit bis zum 14.08. verbleibt es bei der geringfügig entlohnten Beschäftigung, für die allerdings die Beiträge zur Kranken- und Rentenversicherung von dem Arbeitsentgelterhöhungsbetrag nachzuzahlen sind.

2

Kurzfristige Beschäftigungen

Auch bei kurzfristigen Beschäftigungen sind Ausnahmen von der strengen Zeitdauer denkbar. Das ist jedenfalls der Fall, wenn entgegen der ursprünglichen Erwartung die im Voraus bestimmte Zeitdauer mehr als drei Monate bzw. 70 Arbeitstage beträgt. In diesen Fällen tritt eine Versicherungspflicht erst mit dem Tag ein, an dem das Überschreiten der Zeitdauer erkennbar wird. Deshalb ist es nicht zwingend, dass erst nach Ablauf von drei Monaten bzw. 70 Arbeitstagen die Versicherungspflicht eintritt. Sobald die Tatsache erkennbar wird, dass Sie insgesamt länger als drei Monate bzw. 70 Arbeitstage arbeiten müssen, tritt die Versicherungspflicht ein.

Vorteil für Sie: Verlängert sich entgegen der ursprünglichen Erwartung die Beschäftigungsdauer erst später, behalten Sie für die Vergangenheit die Versicherungsfreiheit.

Klarheit im Beitragsrecht

3

Grundsätzliches zur Sozialversicherung

Bis einschließlich 2012 war der echte 400-Euro-Job für Sie als Arbeitnehmer versicherungsfrei. Das bedeutet, Sie zahlten für die geringfügig entlohnte Beschäftigung grundsätzlich keine Beiträge zur Sozialversicherung.

Für Arbeitgeber sah das Beitragsrecht anders aus. Auch für versicherungsfreie 400-Euro-Jobs mussten Sie unter bestimmten weiteren Voraussetzungen Pauschalbeiträge zur Kranken- und Rentenversicherung zahlen. Und zwar vom ersten Euro an, den Sie als Entgelt auszahlten.

Bei den seit 01.01.2013 geltenden 450-Euro-Jobs fallen auch für Sie als Arbeitnehmer grundsätzlich Beiträge an. Dies gilt jedenfalls für die Rentenversicherung, weil die Minijobs seit 2013 grundsätzlich rentenversicherungspflichtig sind. Allerdings können Sie sich als Arbeitnehmer von der Rentenversicherungspflicht befreien.

Keine Pauschalbeiträge fallen an für:

- Pflegeversicherung

- Arbeitslosenversicherung

- Versicherungsfreie kurzfristige Beschäftigungen

Das gilt auch, wenn die kurzfristige Beschäftigung gleichzeitig auch die Voraussetzungen einer geringfügig entlohnten Beschäftigung erfüllt.

Generelle Beitragspflicht besteht, wenn 450-Euro-Jobs mit versicherungspflichtigen Beschäftigungen zusammengerechnet werden. In diesen Fällen sind Beiträge an die Kranken-, Pflege- und Rentenversicherung zu zahlen. Dann gelten die allgemeinen beitragsrechtlichen Regelungen. Insoweit sind keine Sonderregelungen für 450-Euro-Jobs vorgesehen.

Pauschalbeiträge hat der Arbeitgeber dagegen für einen – zuerst aufgenommenen – versicherungsfreien Minijob zu zahlen, der neben weiteren Minijobs und einer Hauptbeschäftigung ausgeübt wird. Grund: **Ein** Minijob bleibt für den Arbeitnehmer – mit Ausnahme der Rentenversicherung – versicherungsfrei und bietet dem Arbeitgeber die Möglichkeit, Pauschalbeiträge zu leisten.

84

Pauschalbeiträge zur Krankenversicherung

Als Arbeitgeber müssen Sie im Falle einer geringfügig entlohnten Beschäftigung für Versicherte, die in dieser Beschäftigung versicherungsfrei sind, einen Pauschalbeitrag zur Krankenversicherung zahlen.

- Der Pauschalbeitrag zur Krankenversicherung beträgt 13 Prozent des Arbeitsentgelts aus dieser Beschäftigung. Der Pauschalbeitrag hat sich auch nach dem 01.01.2013 nicht geändert.

- Der Pauschalbeitrag zur Krankenversicherung beträgt lediglich 5 Prozent des Arbeitsentgelts aus dieser Beschäftigung, wenn der Minijob ausschließlich im Privathaushalt ausgeübt wird. Auch dieser Pauschalbeitrag hat sich nach dem 01.01.2013 nicht geändert.

Voraussetzung für den Pauschalbeitrag ist, dass der geringfügig Beschäftigte in der gesetzlichen Krankenversicherung versichert ist. Dies gilt für die landwirtschaftliche Krankenversicherung entsprechend.

Gesetzliche Krankenversicherung

Als Arbeitgeber müssen Sie den Pauschalbeitrag zur Krankenversicherung nur zahlen, wenn der geringfügig Beschäftigte in der gesetzlichen Krankenversicherung versichert ist. Dabei spielt es keine Rolle, ob es sich bei dieser Versicherung um eine

- Pflichtversicherung,

- freiwillige Versicherung oder

- Familienversicherung

handelt.

In der gesetzlichen Krankenversicherung ist auch jemand versichert, der eine freiwillige Versicherung abgeschlossen hat oder über andere Familienmitglieder krankenversichert ist. Ebenfalls ist gleichgültig, ob und inwieweit aufgrund der Pflichtversicherung oder der freiwilligen Versicherung bereits Beiträge zur Krankenversicherung aufgrund anderer Beschäftigungsverhältnisse gezahlt werden.

Beispiel:

Rentner mit Minijob

Sie übertragen einem Rentner einen 450-Euro-Job. Als Arbeitgeber müssen Sie den Pauschalbeitrag zur Krankenversicherung entrichten. Grund: Der Rentner ist in der gesetzlichen Krankenversicherung versichert.

Praxis-Tipp:

Halten Sie den Pauschalbeitrag möglichst klein. Zahlen Sie den Pauschalbeitrag nur für solche Zeiten, für die tatsächlich eine Versicherung in der gesetzlichen Krankenversicherung besteht.

Sofern in Einzelfällen die Familienversicherung beendet wird, weil der Stammversicherte aus der Versicherung ausscheidet, brauchen Sie keinen Pauschalbeitrag mehr zu zahlen.

Für geringfügig Beschäftigte, die privat krankenversichert sind, zahlen Sie keine Pauschalbeiträge. Das gilt auch für geringfügig Beschäftigte, die gar nicht krankenversichert sind. Mit den Pauschalbeiträgen zur Krankenversicherung erwirbt der Arbeitnehmer keine eigenen Versicherungsansprüche.

Beispiel:

Beamter mit Minijob

Sie geben einem Beamten einen 450-Euro-Job. Pauschalbeiträge für die Krankenversicherung fallen nicht an, weil der geringfügig Beschäftigte als Beamter nicht Mitglied in der gesetzlichen Krankenversicherung ist.

Versicherungsfreie 450-Euro-Jobs

Als Arbeitgeber müssen Sie den Pauschalbeitrag zur Krankenversicherung auch für solche Arbeitnehmer zahlen, die die Jahresarbeitsentgeltgrenze überschreiten und deshalb krankenversicherungsfrei sind. Sofern krankenversicherungsfreie Beamte sowie krankenversicherungsfreie Werkstudenten – ausnahmsweise – gesetzlich krankenversichert sind, hat der Arbeitgeber auch für sie Pauschalbeiträge zu entrichten, wenn sie eine geringfügig entlohnte Beschäftigung ausüben.

Praxis-Tipp:

Beschäftigen Sie einen Werkstudenten, der krankenversicherungsfrei ist, obwohl Sie ihm mehr als 450 EUR im Monat zahlen, fällt der Pauschalbeitrag zur Krankenversicherung mit einem kleinen Trick nicht an. Voraussetzung: Sorgen Sie dafür, dass der Werkstudent nicht mehr als 20 Stunden in der Woche arbeitet.

3

Kein Pauschalbeitrag zur Krankenversicherung bei Praktikanten

Sie als Praktikant zahlen keine Pauschalbeiträge, sondern individuelle Beiträge zur Krankenversicherung, wenn Sie ein in einer Studien- oder Prüfungsordnung vorgeschriebenes Vor- oder Nachpraktikum gegen Arbeitsentgelt ableisten. Grund: Sie unterliegen der Krankenversicherungspflicht, weil Sie ein zur Berufsausbildung Beschäftigter sind.

Nehmen Sie jedoch als Praktikant neben dem vorgeschriebenen Vor- oder Nachpraktikum einen 450-Euro-Job an, fällt insoweit der Pauschalbeitrag zur Krankenversicherung an. Grund: **Eine** geringfügige Beschäftigung ist nicht mit der versicherungspflichtigen Beschäftigung zusammenzurechnen.

Generell keine Beiträge zur Krankenversicherung zahlen Sie für vorgeschriebene Zwischenpraktika. In diesen Fällen erfolgt auch keine Zusammenrechnung mit geringfügig entlohnten Beschäftigungen. Für alle neben dem vorgeschriebenen Zwischenpraktikum ausgeübten geringfügig entlohnten Beschäftigungen sind vielmehr Pauschalbeiträge zur Krankenversicherung zu zahlen, sofern die insgesamt aus den geringfügig entlohnten Nebenbeschäftigungen erzielten Arbeitsentgelte die zulässige Arbeitsentgeltgrenze von 450 EUR nicht übersteigen. Anderenfalls sind für alle geringfügig entlohnten Beschäftigungen individuelle Beiträge zur Krankenversicherung – also nach den allgemeinen und nicht für Minijobs geltenden, beitragsrechtlichen Regelungen – zu zahlen.

> **Praxis-Tipp:**
> Bei einem Praktikum, das nicht in der Studien- oder Prüfungsordnung vorgeschrieben ist, gelten keine Besonderheiten. Das heißt, es fallen Pauschalbeiträge zur Krankenversicherung an, wenn das Praktikum die Kriterien eines Minijobs erfüllt.

3 Landwirtschaftliche Krankenversicherung

In der berufsständischen landwirtschaftlichen Krankenversicherung ist es für die Versicherungspflicht egal, ob ein entgeltliches Beschäftigungsverhältnis ausgeübt wird. Ist jemand aus anderen Gründen in der landwirtschaftlichen Kasse versichert und übt diese Person einen versicherungsfreien oder nicht versicherungspflichtigen Minijob aus, hat der Arbeitgeber den pauschalen Krankenversicherungsbeitrag von 13 Prozent zu zahlen.

Dieser pauschale Krankenversicherungsbeitrag für den 450-Euro-Job gilt insbesondere bei folgenden Personen:

- Versicherungspflichtige landwirtschaftliche Unternehmer, wie beispielsweise Nebenerwerbslandwirte, die jedoch nicht als Arbeitnehmer versicherungspflichtig sind

- Vollerwerbslandwirte

- Mitarbeitende Familienangehörige

- Altenteiler

- Studenten

- Freiwillig Versicherte

- Familienversicherte

- Leistungsbezieher nach SGB II oder SGB III

- Bisher Nichtversicherte (Rückkehrer)

Pauschalbeiträge zur Rentenversicherung

Als Arbeitgeber haben Sie für 450-Euro-Jobs einen Pauschalbeitrag zur Rentenversicherung von 15 Prozent des Arbeitsentgelts aus dieser Beschäftigung zu zahlen. Das gilt auch, wenn es sich um Versicherte der knappschaftlichen Rentenversicherung handelt. Obwohl der Beitragssatz zur Rentenversicherung seit Einführung der Minijobs schwankte, hat sich der Pauschalbeitrag zur Rentenversicherung nicht geändert. Er beträgt bereits seit dem 01.07.2006 unverändert 15 Prozent.

Sofern der Minijob ausschließlich im Privathaushalt ausgeübt wird, beträgt der Pauschalbeitrag 5 Prozent des Arbeitsentgelts.

3

Dieser pauschale Beitrag ist dann abzuführen, wenn Ihr Arbeitnehmer begrifflich eine geringfügige Beschäftigung – also einen Minijob – ausübt.

> **Praxis-Tipp:**
>
> Keinen Pauschalbeitrag zur Rentenversicherung zahlen Sie als Arbeitgeber, wenn der Arbeitnehmer Beamter ist, der zusätzlich einen 450-Euro-Job ausübt, auf den die Gewährleistung einer Versorgungsanwartschaft erstreckt worden ist. Obwohl die geringfügig entlohnte Beschäftigung des Beamten rentenversicherungspflichtig ist, zahlen Sie als Arbeitgeber dennoch keinen Beitrag zur Rentenversicherung.

Als Arbeitgeber haben Sie grundsätzlich Pauschalbeiträge zur Rentenversicherung zu zahlen. Diese betragen 15 Prozent. Das gilt auch, wenn der Minijobber rentenversicherungsfrei ist.

Die Pauschalbeiträge zahlen Sie auch für geringfügig entlohnte Beschäftigte, die

- in der geringfügigen Beschäftigung nach § 230 Abs. 8 Satz 1 SGB VI rentenversicherungsfrei sind.

- nach § 6 Abs. 1b SGB VI von der Rentenversicherung befreit sind, weil sie einen entsprechenden Antrag auf Befreiung gestellt haben.

- als Bezieher einer Vollrente wegen Alters nach Erreichen der Regelaltersgrenze rentenversicherungsfrei sind.

- bis zum Erreichen der Regelaltersgrenze nicht versichert waren und daher nach Erreichen der Regelaltersgrenze rentenversicherungsfrei sind.

- nach Erreichen der Regelaltersgrenze aus ihrer Versicherung eine Beitragserstattung erhalten haben und daher nach Erreichen der Regelaltersgrenze rentenversicherungsfrei sind.

3

Wichtig: Sofern die geringfügig entlohnte Beschäftigung ausschließlich im Privathaushalt ausgeübt wird, beträgt der Pauschalbeitrag zur Rentenversicherung, die der Arbeitgeber zu leisten hat, lediglich 5 Prozent des Arbeitsentgelts.

Pflichtbeiträge zur Rentenversicherung

Seit dem 01.01.2013 sind geringfügig entlohnte Beschäftigte in der Rentenversicherung grundsätzlich versicherungspflichtig. Als Arbeitgeber haben Sie auch hier Beiträge zur Rentenversicherung zu leisten.

Unter der Voraussetzung, dass eine geringfügig entlohnte Beschäftigung vorliegt, ergibt sich gegenüber den nicht geringfügig versicherungspflichtigen Beschäftigungen eine abweichende Regelung zur Beitragslastverteilung. Von dem derzeit geltenden Beitragssatz von 18,6 Prozent hat der Arbeitgeber 15 Prozent des Arbeitsentgelts zu entrichten, der Arbeitnehmer die restlichen 3,6 Prozent.

Sofern die geringfügig entlohnte Beschäftigung ausschließlich im Privathaushalt ausgeübt wird, trägt der Arbeitgeber lediglich 5 Prozent des Arbeitsentgelts als Beitrag zur Rentenversicherung. Die restlichen 13,6 Prozent zahlt der Arbeitnehmer. Insgesamt ergibt sich auch hier ein Beitragssatz von 18,6 Prozent.

Die Rentenversicherungspflicht für geringfügig entlohnte Beschäftigungen ab 2013 besteht für:

- Arbeitnehmer, die nach dem 31.12.2012 eine geringfügig entlohnte Beschäftigung aufnehmen und von ihrem Befreiungsrecht nach § 6 Abs. 1b SGB VI keinen Gebrauch machen

- Arbeitnehmer, die vor dem 01.01.2013 bereits eine geringfügig entlohnte Beschäftigung aufgenommen haben und auf die Versicherungsfreiheit in der Rentenversicherung verzichtet haben

- Arbeitnehmer, die am 31.12.2012 bereits in einer geringfügig entlohnten Beschäftigung rentenversicherungsfrei waren und nach § 230 Abs. 8 Satz 2 SGB VI auf die Rentenversicherungsfreiheit verzichtet haben

Praktikanten

Die besonderen beitragsrechtlichen Regelungen für Minijobs gelten nicht bei Personen, die in vorgeschriebenen Vor- und Nachpraktika zur Berufsausbildung beschäftigt sind. Diese Personen üben vielmehr eine sogenannte (Haupt-)Beschäftigung aus.

Dennoch können für Praktikanten – seit 01.01.2013 – Beiträge zur Rentenversicherung anfallen. Sofern der Praktikant neben dem vorgeschriebenen Vor- und Nachpraktikum einen Minijob ausübt, unterliegt dieser Minijob der Rentenversicherungspflicht. Denn ein Minijob ist nicht mit einer Hauptbeschäftigung – das ist hier das vorgeschriebene Vor- und Nachpraktikum – zusammenzurechnen. Der (erste) Minijob unterliegt damit den allgemeinen Regelungen, so dass der Arbeitgeber Pauschalbeiträge zur Rentenversicherung zu entrichten hat. Ob der Arbeitnehmer im Ergebnis ebenfalls für den Minijob Beiträge zur Rentenversicherung zahlt, hängt davon ab, ob er den Antrag auf Befreiung von der Versicherungspflicht stellt.

Sofern der Praktikant mehr als einen Minijob neben dem vorgeschriebenen Vor- und Nachpraktikum auswirkt, sind die weiteren Minijobs nach den allgemeinen, für mehr als geringfügige versicherungspflichtige Arbeitnehmer geltenden, beitragsrechtlichen Regelungen zu zahlen.

Hinweis: Für vorgeschriebene Zwischenpraktika besteht Rentenversicherungsfreiheit. Dies ergibt sich aus § 5 Abs. 3 SGB VI. Folge: Beiträge zur Rentenversicherung sind auch bei einem regelmäßigen Arbeitsentgelt bis 450 EUR im Monat nicht zu zahlen. Sofern neben dem vorgeschriebenen Zwischenpraktikum ein Minijob ausgeübt wird, sind insoweit Rentenversicherungsbeiträge zu zahlen, wenn das – auch aus mehreren geringfügig entlohnten Beschäftigungen insgesamt – erzielte Arbeitsentgelt zusammen 450 EUR monatlich nicht übersteigt.

Nicht vorgeschriebene Praktika

Die allgemeinen Regeln für Minijobs gelten, sofern ein **nicht** vorgeschriebenes Vor- und Nachpraktikum absolviert wird. Das bedeutet, insoweit sind Beiträge zur Rentenversicherung wegen des Minijobs zu zahlen, sofern das erzielte Arbeitsentgelt die zulässige Grenze von 450 EUR nicht übersteigt.

Hinweis: Die Regelungen über den Pauschalbeitrag zur Rentenversicherung gelten nicht für Studierende, die während der Dauer eines Studiums als ordentlich Studierende einer Fachschule oder Hochschule ein Praktikum ableisten. Voraussetzung hierfür ist, dass das Praktikum (Zwischenpraktikum) nicht in der Studien- oder Prüfungsordnung vorgeschrieben ist. Ferner müssen die Kriterien für eine rentenversicherungsfreie oder von der Rentenversicherungspflicht befreite geringfügig entlohnte Beschäftigung erfüllt sein.

Grundsatz: Rentenversicherungspflicht

Kraft gesetzlicher Regelungen unterliegen die Minijobs seit dem 01.01.2013 grundsätzlich der Rentenversicherungspflicht. Vor diesem Zeitpunkt waren Minijobs generell rentenversicherungsfrei. Als Arbeitnehmer konnten Sie jedoch auf die Rentenversicherungsfreiheit verzichten. Bei den Minijobs seit dem 01.01.2013 können Sie auf die Rentenversicherungspflicht verzichten. Im Ergebnis haben Sie bei den Minijobs auch seit dem Jahr 2013 grundsätzlich dieselben Möglichkeiten.

Der Gesetzgeber hat die Option „Verzicht auf die Befreiung" – Opt-in – geändert in die Option „Verzicht auf die Verpflichtung" – Opt-out. Damit wollte der Gesetzgeber das Bewusstsein für die Entscheidung über eine Alterssicherung stärken.

Unter Berücksichtigung des derzeit geltenden Beitragssatzes in der Rentenversicherung von 18,6 Prozent verteilt sich die Beitragslast eines Minijobs nicht je zur Hälfte auf den Arbeitgeber und Arbeitnehmer, sondern nach den folgenden Sätzen:

- Der Arbeitgeber zahlt 15 Prozent des Arbeitsentgelts.

- Bei einem Minijob im Privathaushalt zahlt der Arbeitgeber lediglich 5 Prozent des Arbeitsentgelts.

- Der Arbeitnehmer mit einem Minijob zahlt den Restbeitrag, das heißt 3,6 Prozent des Arbeitsentgelts.

- Beim Minijob im Privathaushalt zahlt der Arbeitnehmer demzufolge 13,6 Prozent des Arbeitsentgelts.

Die absolute Höhe des zu zahlenden Beitrags zur Rentenversicherung darf einen Mindestbeitrag nicht unterschreiten. Dabei ist eine Mindestbeitragsbemessungsgrundlage von 175 EUR zugrunde zu legen. Somit beträgt der mindestens zu zahlende Beitrag 32,55 EUR. Wenn das Arbeitsentgelt unter 175 EUR im Monat sinkt, muss der Arbeitnehmer die Differenz bis zum Mindestbeitrag aufstocken. Denn der Arbeitgeber zahlt auch in diesen Fällen lediglich 15 Prozent des Arbeitsentgelts.

3

Mindestbeitragsbemessungsgrundlage beachten

Wenn Sie auf die Rentenversicherungsfreiheit verzichten, ist eine sogenannte Mindestbeitragsbemessungsgrundlage von 175 EUR zu beachten.

Bei einem Beitragssatz von 18,6 Prozent bedeutet das, dass als Rentenversicherungsbeitrag mindestens ein Betrag von 32,55 EUR zu zahlen ist.

Praxis-Tipp:

Beginnt oder endet das Beschäftigungsverhältnis im Laufe eines Monats, ist der Mindestbeitrag nur anteilig zu berechnen. Das gilt auch im Fall von Arbeitsunterbrechungen, wie beispielsweise einer Arbeitsunfähigkeit.

Berechnen Sie die anteilige Mindestbemessungsgrundlage nach dieser Formel:

$$\frac{175\ \text{EUR} \times \text{Kalendertage}}{30} = \text{anteilige Mindestbemessungsgrundlage}$$

Die Bemessungsgrundlage für den Mindestbeitrag wird nicht gekürzt, wenn ein Arbeitnehmer unbezahlten Urlaub von nicht mehr als einem Monat nimmt. Sofern der unbezahlte Urlaub länger als einen Monat dauert, muss die Bemessungsgrundlage für den Mindestbeitrag entsprechend gekürzt werden. Für Kalendermonate, in denen kein Arbeitsentgelt erzielt wird, ist auch kein Mindestbeitrag zu entrichten.

3

Beispiel:

Mindestbeitrag bei unbezahltem Urlaub

Frau Eifrig ist privat krankenversichert und Raumpflegerin. Sie arbeitet für ein monatliches Arbeitsentgelt von 100 EUR. Vom 19.07. bis zum 22.08. nimmt sie unbezahlten Urlaub. Im Juli beträgt das Arbeitsentgelt 65 EUR und im August beträgt das Arbeitsentgelt 25 EUR.

Für den Monat Juli beträgt die Bemessungsgrundlage für den Mindestbeitrag 175 EUR. Es wird der volle Monat zugrunde gelegt. Die Beiträge zur Rentenversicherung werden wie folgt aufgebracht:

Mindestbeitrag (18,6 % von 175 EUR =)	32,55 EUR
abzüglich Arbeitgeberanteil (15 % von 65 EUR =)	9,75 EUR
Beitragsanteil des Arbeitnehmers:	**22,80 EUR**

Für den Monat August sind 27 Tage für den Mindestbeitrag zugrunde zu legen. Grund: Erst ab dem 18.08. dauert der unbezahlte Urlaub länger als einen Monat. Ab dem 23.08. arbeitet Frau Eifrig wieder. Folge: In die Berechnung ist die Zeit vom 01.08. bis zum 18.08. (= 18 Tage) sowie die Zeit vom 23.08. bis zum 31.08. (= 9 Tage) einzubeziehen. In der Summe sind folglich 27 Tage maßgebend.

Demzufolge beträgt die Bemessungsgrundlage für den Mindestbeitrag:

$$\frac{176\ \text{EUR} \times 27\ \text{Kalendertage}}{30\ \text{Kalendertage}} = \begin{array}{l} 157{,}50\ \text{EUR} \\ \text{(anteiliger Mindestbeitrag)} \end{array}$$

Die Beiträge zur Rentenversicherung werden wie folgt aufgebracht:

Mindestbeitrag (18,6 % von 157,50 EUR =)	29,31 EUR
abzüglich Beitragsanteil des Arbeitgebers (15 % von 25 EUR =)	3,75 EUR
Beitragsanteil des Arbeitnehmers:	**25,56 EUR**

3

Praxis-Tipp:

Sofern in einzelnen Kalendermonaten tatsächlich kein Arbeitsentgelt erzielt wird, ist auch kein Mindestbeitrag zu zahlen. Folge: Eine Aufstockung entfällt.

Beispiel:

Anteiliger Mindestbeitrag

Frau Tuch ist privat krankenversichert und arbeitet in einem privaten Haushalt. Dafür erhält sie monatlich 90 EUR. Am 20.06. läuft ihr Beschäftigungsverhältnis aus. Für den Monat Juni erhält sie noch 60 EUR.

Die Beiträge in der Rentenversicherung müssen für den Monat Juni nach der Bemessungsgrundlage für den Mindestbeitrag berechnet werden. Das bedeutet, dass Sie die Formel für den Mindestbeitrag anwenden müssen.

Berechnen Sie den anteiligen Mindestbeitrag nach dieser Formel:

$$\frac{175\ \text{EUR} \times 20\ \text{Kalendertage}}{30\ \text{Kalendertage}} = 116{,}67\ \text{EUR}$$

Der Mindestbeitrag ist wie folgt zu zahlen:

Mindestbeitrag (18,6 % von 116,67 EUR =)	21,70 EUR
abzüglich Beitragsanteil des Arbeitgebers	
(5 % von 60 EUR =)	3,00 EUR
Beitragsanteil des Arbeitnehmers:	**18,70 EUR**

Praxis-Tipp:

Als Arbeitgeber behalten Sie den Aufstockungsbetrag ein. Sollte das Arbeitsentgelt hierfür nicht ausreichen, muss der Arbeitnehmer den Restbetrag erstatten.

3

Berechnung und Zahlung der Beiträge

Die Pauschalbeiträge zur Kranken- und Rentenversicherung richten sich immer nach dem tatsächlich erzielten Lohn. Das können genau 450 EUR sein. Ein niedrigerer Betrag ist aber ebenso denkbar wie ein höherer Betrag. Das wäre beispielsweise bei schwankenden Arbeitsentgelten oder bei einem unvorhersehbaren Überschreiten der Fall. Auch Einmalzahlungen können zu übersteigenden Beträgen führen.

Wichtig: Die Rentenversicherungsbeiträge sind mindestens aus der Bemessungsgrundlage von 175 EUR zu berechnen.

Sofern der 450-Euro-Job im Laufe eines Monats beginnt oder endet, brauchen die Pauschalbeiträge nur für den entsprechenden Teilmonat gezahlt zu werden. Das gilt auch, wenn die Krankenversicherung nur für einen Teil eines Monats besteht.

Praxis-Tipp:

Rechnen Sie genauso, wenn eine Arbeitsunterbrechung eintritt. Das wäre beispielsweise denkbar, wenn das Entgelt wegen Arbeitsunfähigkeit nicht mehr weitergezahlt wird.

Meldungen

Die 450-Euro-Jobs sind in das normale Meldeverfahren einbezogen. Deshalb müssen Sie als Arbeitgeber nicht nur An- und Abmel-
dungen vornehmen. Sie sind auch verpflichtet, grundsätzlich alle
anderen Meldungen zu erstatten. Das heißt, es gilt das Meldeverfahren nach der sogenannten Datenerfassungs- und Übermitt-
lungsverordnung. Bereits seit dem 01.01.2006 dürfen Sie Meldungen und Beitragsnachweise nur noch durch Datenübertragung
mittels zugelassener systemgeprüfter Programme oder maschinell
erstellter Ausfüllhilfen übermitteln. Weitere Einzelheiten und Informationen zum Softwareprodukt „sv.net – Sozialversicherung
im Internet" erhalten Sie von der Minijob-Zentrale. Besuchen Sie
auch die Internetseite www.itsg.de. Dort erhalten Sie von der ITSG
(Informationstechnische Servicestelle der gesetzlichen Krankenversicherung GmbH), die Software „sv.net". Sie steht als Software
zur Installation am PC und als Internetanwendung zur Verfügung.

3

Sie erreichen die ITSG über die Homepage: www.itsg.de

Sofern Sie Fragen haben, können Sie Auskunft über die E-Mail-
Adresse der ITSG erhalten: hotline@itsg.de

Wichtig: Sofern Sie jemanden in Ihrem Privathaushalt geringfügig
beschäftigen, gilt ein vereinfachtes Verfahren. Hier erfolgen die
Meldungen weiterhin im sogenannten Haushaltsscheckverfahren.

Praxis-Tipp:

Die Meldungen müssen mit den jeweiligen Personengrup-
penschlüsseln versehen werden. Sprechen Sie in Zweifelsfällen die Minijob-Zentrale in 45115 Essen an. So können Sie
unzutreffende Meldungen vermeiden.

Wichtig: Sie dürfen nicht vergessen, auch für kurzfristig Beschäftigte grundsätzlich die gleichen Meldungen zu machen wie für
versicherungspflichtige Beschäftigte. Allerdings brauchen Sie hier
keine Unterbrechungsmeldungen abzugeben. Jahresmeldungen
können Sie sich ebenfalls sparen.

Zuständige Einzugsstelle

Richten Sie Ihre Meldungen für die 450-Euro-Jobs an die zuständige Einzugsstelle. Das ist allein die

Minijob-Zentrale
45115 Essen
Tel.: 03 55/2 90 27 07 99 (Mo–Fr von 7–17 Uhr)
Fax: 02 01/3 84 97 97 97
E-Mail: minijob@minijob-zentrale.de
Internet: www.minijob-zentrale.de

Das gilt auch für Minijobs in Privathaushalten und für kurzfristige Beschäftigungen.

Minijobs in Privathaushalten

4

Profitieren Sie von der Förderung von Minijobs in Privathaushalten

Einerseits soll sich der Minijob lohnen, andererseits alles so einfach wie möglich abgewickelt werden. Dazu soll das sogenannte Haushaltsscheckverfahren beitragen. Zuständig ist auch hier die zentrale Einzugsstelle: die Minijob-Zentrale in Essen.

Wann liegt ein Minijob im Privathaushalt vor?

Grundsätzlich unterscheiden sich die Minijobs in Privathaushalten nicht von anderen Minijobs. Der einzige Unterschied: Sie arbeiten in einem Privathaushalt. Dabei übernehmen Sie Tätigkeiten, die normalerweise Familienmitglieder erledigen. Das Gesetz versteht darunter „haushaltsnahe Dienstleistungen".

4

Haushaltsnahe Dienstleistungen

Folgende Tätigkeiten sind haushaltsnahe Dienstleistungen: Kochen, Abwaschen, Aufräumen, Bügeln, Putzen, Staubsaugen, Wäsche waschen, sonstige Haushaltsarbeiten, Gartenarbeit; Betreuung von Kindern, kranken, alten und pflegebedürftigen Menschen.

> **Praxis-Tipp:**
> Auch bei Minijobs in Privathaushalten müssen Sie die 450-Euro-Grenze einhalten. Allerdings gelten bei Minijobs in Privathaushalten andere Pauschalbeiträge.

Vorteile für Arbeitnehmer

- Für den Minijob im Privathaushalt zahlen Sie keine Steuern. Auch Sozialabgaben fallen für Sie – mit Ausnahme der Besonderheit für die Rentenversicherung – nicht an. Seit dem 01.01.2013 zahlen Sie als Arbeitnehmer grundsätzlich auch Rentenversicherungsbeiträge für einen Minijob im Privathaushalt. Allerdings können Sie sich von der Rentenversicherungspflicht durch schriftlichen Antrag bei Ihrem Arbeitgeber befreien lassen.

- Sie erhalten das Entgelt in voller Höhe.

Vorteile für Arbeitgeber

- Für Minijobs in Privathaushalten zahlen Sie als Arbeitgeber niedrigere Sozialversicherungspauschalen.

- Sie können zusätzlich Steuern sparen: Setzen Sie 20 Prozent der Kosten – höchstens 510 EUR – jährlich von der Steuer ab (§ 35a EStG).

- Ihre Meldungen und Beiträge brauchen Sie nur an eine Stelle leiten: Zuständig ist die Minijob-Zentrale in Essen. Das gilt sowohl für die Sozialabgaben als auch für die einheitliche Pauschsteuer. Die Minijob-Zentrale leitet die Gelder an die jeweils zuständigen Stellen weiter.

4

Das Haushaltsscheckverfahren

Sofern der monatliche Verdienst nicht mehr als 450 EUR beträgt, müssen Sie die Haushaltshilfe bei der Minijob-Zentrale anmelden. Nutzen Sie dazu das vereinfachte Meldeverfahren: das Haushaltsscheckverfahren.

Für das Haushaltsscheckverfahren müssen folgende Voraussetzungen erfüllt sein:

- Es muss ein Minijob in einem Privathaushalt vorliegen.

- Die Tätigkeiten müssen haushaltsnahe Dienstleistungen sein.

- Das Arbeitsentgelt darf die 450-Euro-Grenze im Monat nicht übersteigen.

Als Arbeitgeber müssen Sie gegenüber der Minijob-Zentrale eine Einzugsermächtigung erteilen, damit folgende Beträge problemlos abgebucht werden können:

- Beiträge für die Sozialversicherung
- Umlage nach dem Lohnfortzahlungsgesetz
- Einheitliche Pauschsteuer

Spezielles zum Haushaltsscheck

Der Haushaltsscheck ist nichts anderes als ein Vordruck. Er ist die Grundlage, um die Sozialversicherungsbeiträge zu berechnen. Der Haushaltsscheck wird vom Arbeitgeber und Arbeitnehmer unterschrieben.

Den Haushaltsscheck zum Downloaden finden Sie auf der Seite der Minijob-Zentrale unter der Internet-Adresse: www.minijob-zentrale.de

4

> **Praxis-Tipp:**
>
> Bei Fragen können Sie sich auch an die Minijob-Zentrale wenden:
>
> Service-Telefon: 03 55/2 90 27 07 99 (Mo–Fr von 7–17 Uhr)
> Fax: 02 01/3 84 97 97 97
> E-Mail: minijob@minijob-zentrale.de
> Internet: www.minijob-zentrale.de

Der Haushaltsscheck enthält folgende Angaben:

- Familienname, Vorname, ggf. Vorsatzwörter, Namenszusätze und Titel, Anschrift, Betriebsnummer und Steuernummer des Arbeitgebers
- Familienname, Vorname, ggf. Vorsatzwörter, Namenszusätze und Titel, Anschrift und Versicherungsnummer, soweit bekannt, des Arbeitnehmers
- Kennzeichnung über die Zahlung von Pauschsteuer
- Kennzeichnung über Mehrfachbeschäftigung des Arbeitnehmers
- Kennzeichnung über Versicherung in einer gesetzlichen Krankenkasse

- Kennzeichnung über den Antrag auf Befreiung von der Rentenversicherungspflicht in der gesetzlichen Rentenversicherung

- Datum und Unterschrift des Arbeitgebers und Arbeitnehmers

- Ist die Versicherungsnummer nicht bekannt, sind Geburtsdatum, Geburtsname und Geburtsort anzugeben

Den Vordruck Haushaltsscheck müssen Sie ausfüllen:

Erläuterungen zum Haushaltsscheck

[4] Betriebsnummer eintragen. Sie haben keine? Die Minijob-Zentrale wird diese für Sie vergeben und nachtragen.

[5] Pauschsteuer. Ja, wenn Sie die Lohnsteuer als sogenannte einheitliche Pauschsteuer in Höhe von 2 Prozent des Arbeitsentgelts an uns zahlen möchten. Nein, wenn Sie die Lohnsteuer nach den Lohnsteuermerkmalen erheben, die dem zuständigen Finanzamt vorliegen.

[6] Steuernummer nur eintragen, wenn Sie Punkt [5] mit „Ja" beantwortet haben. Die Steuernummer entnehmen Sie bitte dem letzten Steuerbescheid.

[7] E-Mail-Adresse und Telefonnummer. Die Angaben sind freiwillig, beschleunigen aber den Kontakt bei Fragen.

[8] Rentenversicherungsnummer. Sie wird von der Deutschen Gesetzlichen Rentenversicherung vergeben. Die Nummer entnehmen Sie bitte dem Sozialversicherungsausweis Ihrer Haushaltshilfe. Nicht bekannt? Bitte Geburtsname, Geburtsdatum, Geschlecht und Geburtsort der/des Beschäftigten eintragen.

[9] Weitere Beschäftigung über 450 EUR. Bitte ankreuzen, wenn Ihre Haushaltshilfe gleichzeitig eine (Haupt-)Beschäftigung ausübt. Der Bezug von Leistungen wie Elterngeld oder Arbeitslosengeld stellt keine Hauptbeschäftigung dar.

[10] Keine gesetzliche Krankenversicherung. Bitte ankreuzen, wenn Ihre Haushaltshilfe nicht gesetzlich krankenversichert ist. Der weit überwiegende Teil der Bevölkerung in Deutschland ist bei einer gesetzlichen Krankenkasse (AOK, BKK, Ersatzkasse, IKK, landwirtschaftliche Krankenkasse, KNAPPSCHAFT) pflicht-, freiwillig oder familienversichert.

[11] Pflichtbeiträge zur Rentenversicherung. Ja, wenn Ihre Haushaltshilfe eigene Rentenbeiträge zahlen möchte. Als monatlichen Rentenbeitrag setzt die Minijob-Zentrale mindestens 175 EUR an. Ihr Arbeitgeberanteil beträgt 5 Prozent vom tatsächlichen Arbeitsentgelt. Die Differenz bis zum vollen Beitrag trägt Ihre Haushaltshilfe. Diesen Beitragsanteil ziehen Sie Ihrer Haushaltshilfe vom Verdienst ab. Zur Fälligkeit bucht die Minijob-Zentrale die vollen Rentenbeiträge von Ihrem Konto ab.

4

Bei Rentnern ergeben sich aufgrund der Flexibilisierung der Vollrenten wegen Alters und der Hinzuverdienstgrenzen vielfältige Gestaltungsmöglichkeiten. Sollte Ihre Haushaltshilfe hierzu Fragen haben, soll sie sich an ihren zuständigen Rentenversicherungsträger wenden, der sie individuell zu ihrer persönlichen Situation berät.

Nein, wenn Ihre Haushaltshilfe keine eigenen Rentenbeiträge zahlen möchte. Vorab empfehlen wir Ihrer Haushaltshilfe, das „Merkblatt über die möglichen Folgen einer Befreiung von der Rentenversicherungspflicht" der Minijob-Zentrale zu lesen. Das Merkblatt finden Sie im Internet unter www.minijob-zentrale.de. Sie können es auch telefonisch im Service-Center (Tel. 0355/ 2902 70799, von montags bis freitags von 7 – 17 Uhr) anfordern.

Eine Befreiung von der Rentenversicherungspflicht gilt als erteilt, wenn die Minijob-Zentrale nicht innerhalb eines Monats nach Eingang des Haushaltsschecks widerspricht. Die Befreiung ist unwiderruflich und wirkt grundsätzlich ab Beginn des Kalendermonats, in dem Ihr Haushaltsscheck bei der Minijob-Zentrale eingeht, frühestens ab Beginn der Beschäftigung. Bei einer insgesamt geringfügig entlohnten Mehrfachbeschäftigung gilt die Befreiung für alle gleichzeitig bestehenden und später aufgenommenen Minijobs.

[12] Dauer der Beschäftigung. Hier geben Sie den Beginn bzw. das Ende der Beschäftigung an. Den Beginn der Beschäftigung bitte nur bei der Anmeldung eintragen (auch bei erneuter Beschäftigung nach einer Unterbrechung von mehr als einem vollen Monat). Das Ende der Beschäftigung kann bei einem befristeten Beschäftigungsverhältnis gleichzeitig mit der Anmeldung eingetragen werden.

[13] Arbeitsentgelt monatlich gleichbleibend. Bitte ankreuzen, wenn Sie jeden Monat denselben Betrag zahlen. Geben Sie als Ab-Datum bitte den Tag, den Monat und das Jahr an. Daneben unter Punkt 14 tragen Sie bitte das konstante monatliche Entgelt ein.

[14] Arbeitsentgelt. Das ist das vereinbarte Bruttoentgelt, also der Betrag **vor** Abzug von eventuell einbehaltenen Steuern (siehe Punkt 5) und des Beitragsanteils des Arbeitnehmers bei Rentenversicherungspflicht (siehe Punkt 11). Sachbezüge (z. B. kostenlose Verpflegung) werden nicht dem Arbeitsentgelt zugerechnet.

[15] Abweichendes Arbeitsentgelt im ersten/letzten Monat. Beginnt oder endet eine auf Dauer angelegte bzw. regelmäßig wiederkehrende Beschäftigung im Laufe eines Kalendermonats und Sie zahlen Ihrer Haushaltshilfe anstelle des vollen Verdienstes nur einen anteiligen Betrag, dann tragen Sie diesen bitte hier ein.

Beispiel 1:

Beginn der Beschäftigung am 15.08.2018 mit einem gleichbleibenden monatlichen Arbeitsentgelt von 200 EUR. Trotz der geringeren Arbeitsleistung im August erhält die Haushaltshilfe im Monat des Beschäftigungsbeginns die vollen 200 EUR.

Lösung:

Punkt 13: 15082018

Punkt 14: 0200

Punkt 15: keine Angaben

Beispiel 2:

Beginn der Beschäftigung am 15.08.018 mit einem gleichbleibenden monatlichen Arbeitsentgelt von 200 EUR. Aufgrund der geringeren Arbeitsleistung im August erhält die Haushaltshilfe im Monat des Beschäftigungsbeginns nur 100 EUR.

Lösung:

Punkt 13: 15082018

Punkt 14: 0200

Punkt 15 (erster Monat): 0100

[16] Arbeitsentgelt monatlich schwankend. Bitte ankreuzen, wenn Sie jeden Monat einen anderen Betrag zahlen. Geben Sie als Ab-Datum bitte den Monat und das Jahr an. Daneben unter Punkt 17 tragen Sie bitte das Entgelt für den angegebenen Beschäftigungsmonat ein. Die Arbeitsentgelte für die folgenden Monate melden Sie bitte monatlich mit weiteren Haushaltsschecks (oben rechts bitte Änderung ankreuzen). Alternativ stellt Ihnen die Minijob-Zentrale automatisch einen Halbjahresscheck zur Verfügung.

[17] Arbeitsentgelt. Siehe Erläuterungen zum Punkt 14.

[18] SEPA-Basislastschriftmandat. Erteilen Sie bei Ihrer ersten Anmeldung das Mandat oder wenn sich Ihre Bankverbindung geändert hat. Sie ermächtigen die Deutsche Rentenversicherung Knappschaft-Bahn-See/Minijob-Zentrale, folgende Beträge von Ihrem Konto abzubuchen: Beiträge zur Kranken- und Rentenversicherung (Beitragsanteile von Ihnen und bei Rentenversicherungspflicht auch die Ihrer Haushaltshilfe), Unfallversicherungsbeiträge, Umlagen zum Ausgleich der Arbeitgeberaufwendungen bei Krankheit und Mutterschaft, etwaige Nebenforderungen sowie gegebenenfalls die einheitliche Pauschsteuer. Das Lastschriftmandat ist nur mit Datum und Unterschrift gültig. Sollte das SEPA-Basislastschriftmandat nicht von Ihnen, sondern von einer anderen Person erteilt worden sein, müssen Sie alle relevanten Daten (Mandatsreferenz, Fälligkeitstag und die Höhe des einzuziehenden Betrags) dieser Person mitteilen. Sie erhalten diese Informationen in der Regel mit dem Abgabenbescheid. Sie können auch vorab mit dem Haushaltsscheck-Rechner unter www.minijob-zentrale.de Ihre Abgaben berechnen.

4

Minijobs in Privathaushalten

08 **HAUSHALTSSCHECK** FÜR PRIVATHAUSHALTE ❶
Per Fax: 0201-384 97 97 97 Per Post: Deutsche Rentenversicherung Knappschaft-Bahn-See • Minijob-Zentrale • 45115 Essen

Anmeldung
❷
Änderung / Abmeldung

Für die Minijob-Zentrale

Arbeitgeber

Name	Vorname ❸	Vorsatzwort, Namenszusatz, Titel ❸

| Straße und Hausnummer | Betriebsnummer als Privathaushalt ❹ | Pauschsteuer ❺ |
| | | Ja   Nein |

| Postleitzahl | Wohnort | Steuernummer ❻ |

| E-Mail-Adresse ❼ | Telefonnummer ❼ |

Beschäftigte/-r

| Name | Vorname ❽ | Vorsatzwort, Namenszusatz, Titel ❽ |

| Straße und Hausnummer | Geburtsname |

Land	Postleitzahl	Wohnort	Geburtsdatum	Männlich Weiblich
			T T M M J J J J	
			Geburtsort	

| Rentenversicherungsnummer der / des Beschäftigten ❾ | |

| E-Mail-Adresse ❼ | Telefonnummer ❼ |

Welche der folgenden Aussagen trifft auf Ihre Haushaltshilfe zu? Meine Haushaltshilfe...

| übt eine weitere Beschäftigung mit ❿ mehr als 450 Euro monatlich aus | ist nicht gesetzlich ⓫ krankenversichert | möchte selbst **Pflichtbeiträge** ⓬ zur Rentenversicherung zahlen | Ja   Nein |

Dauer der Beschäftigung

Nur ausfüllen zur An- und / oder Abmeldung einer Haushaltshilfe ⓭
| Beginn der Beschäftigung am: | Beschäftigung wurde / wird beendet am: |
| T T M M J J J J | T T M M J J J J |

Arbeitsentgelt

monatlich **gleichbleibend** ab: ⓮	Monatliches Arbeitsentgelt ⓯ (volle Eurobeträge z. B. „0120")	Hiervon abweichendes Arbeitsentgelt ⓰ im **ersten / letzten** Monat der Beschäftigung
T T M M J J J J	Euro	Euro
bis auf Weiteres		

| monatlich **schwankend** ⓱ **voller** Monat (z. B. 052018 für Mai 2018) | Monatliches Arbeitsentgelt ⓲ (volle Eurobeträge z. B. „0120") | |
| M M J J J J | In diesem Monat | Euro |

SEPA-Basislastschriftmandat ⓳ - gemäß § 28a Abs. 7 Sozialgesetzbuch Viertes Buch (SGB IV) zwingend erforderlich -

Deutsche Rentenversicherung Knappschaft-Bahn-See • 45115 Essen   **Gläubiger-Identifikationsnummer: DE 81KBS000000234884**

Ich ermächtige die Deutsche Rentenversicherung Knappschaft-Bahn-See (KBS), Zahlungen von meinem Konto mittels Lastschrift einzuziehen. Zugleich weise ich mein Kreditinstitut an, die von der KBS auf mein Konto gezogenen Lastschriften einzulösen. Ich kann innerhalb von acht Wochen, beginnend mit dem Belastungsdatum, die Erstattung des belasteten Betrages verlangen. Es gelten dabei die mit meinem Kreditinstitut vereinbarten Bedingungen.
Hinweis: Die Mandatsreferenz teilen wir Ihnen separat (in der Regel auf dem Abgabebescheid) mit.

| Vorname und Name des Kontoinhabers | Straße und Hausnummer |

| Postleitzahl | Wohnort | Kreditinstitut |

| D E | |
| IBAN (International Bank Account Number) | |

| Ort, Datum | Unterschrift |

Das SEPA-Basislastschriftmandat ist nur mit Datum und Unterschrift gültig.

HHS 000

HHS 000

10. 07 – V0.3 – 0 – 2675

vordr. 19994 (o2)

4

Praxis-Tipp:

Für Minijobs in Privathaushalten ist das Haushaltsscheckverfahren anzuwenden. Das Haushaltsscheckverfahren ist zwingend.

Wichtig: Beim Haushaltsscheck gibt es eine Besonderheit: Die 450-Euro-Grenze bezieht sich bei Minijobs in Privathaushalten nicht nur auf den ausgezahlten Geldbetrag. Vielmehr müssen Sie auch die einbehaltene Lohnsteuer sowie die eventuell zu zahlende Kirchensteuer und den Solidaritätszuschlag mit einbeziehen. Nur wenn das ausgezahlte Entgelt einschließlich der Steuern die 450-Euro-Grenze nicht übersteigt, liegt ein echter Minijob im Privathaushalt vor.

Seit dem 01.01.2006 hat der Arbeitgeber bei Minijobs in Privathaushalten zusätzlich bundeseinheitlich 1,6 Prozent als Beitrag zur gesetzlichen Unfallversicherung zu zahlen. Der Beitrag wird ebenfalls per Lastschrift eingezogen.

4

Beschäftigen Sie Familienangehörige im Privathaushalt

Sie können einen Minijob im Privathaushalt auch von nahen Verwandten oder Familienangehörigen ausüben lassen. Allerdings wird dabei geprüft, ob der Arbeitsvertrag nur zum Schein abgeschlossen worden ist. Ausschlaggebend sind die gesamten Umstände des Einzelfalls.

Achtung: Nicht anerkannt werden Beschäftigungsverhältnisse unter Ehegatten. Grund: Die Ehe begründet bereits eine gesetzliche Pflicht zur Haushaltsführung. Auch für Kinder, die im Haushalt leben und von den Eltern unterhalten werden, gelten die Regelungen für Minijobs in Privathaushalten nicht.

Steuerrechtliche Besonderheit: das „Dienstmädchen-Privileg"

„Dienstmädchen-Privileg" oder „Butler-Freibetrag" sind Begriffe, die schon etwas den Hauch von Luxus im Namen tragen. Dahinter verbirgt sich ein Steuervorteil, den Sie nur bekommen, wenn Sie jemanden in Ihrem Haushalt beschäftigen. Allerdings hat sich der Vorteil mit den 450-Euro-Jobs verändert.

Es gilt insoweit eine steuerrechtliche Besonderheit. Denn: Normalerweise sind dies „Kosten der privaten Lebensführung". Diese sind steuerlich überhaupt nicht zu berücksichtigen.

Wichtig: Als Arbeitgeber können Sie 20 Prozent der entstandenen Kosten – höchstens 510 EUR – von der Steuer abziehen.

Einen echten „Butler" oder ein echtes „Dienstmädchen" brauchen Sie natürlich nicht. Es reicht aus, wenn Sie eine normale Hilfe im Haushalt haben. Es ist im Übrigen nicht erforderlich, dass Sie nur eine einzige Person beschäftigen, Sie können auch mehrere Personen beschäftigen.

4

Wichtig: Wenn Sie nahe Angehörige beschäftigen, prüft das Finanzamt genau, ob alle Voraussetzungen erfüllt sind. Dabei muss das Beschäftigungsverhältnis so gestaltet sein, wie es unter fremden Dritten üblich ist.

Lassen Sie beispielsweise einen Angehörigen für sich arbeiten, wird das Finanzamt im Allgemeinen auch einen Arbeitsvertrag anfordern. Treffen Sie deshalb von vornherein alle Vereinbarungen schriftlich. Formulieren Sie dabei die Pflichten der Haushaltshilfe so, wie Sie das auch mit einem Fremden tun würden.

Wichtig: Auch außerhalb der 450-Euro-Jobs gibt es steuerliche Förderungen. Wenn Sie einen Arbeitnehmer sozialversicherungspflichtig in Ihrem Haushalt beschäftigen, können Sie ebenfalls 20 Prozent Ihrer Aufwendungen von der Steuerschuld abziehen, höchstens 4.000 EUR.

Wenn Sie in Ihrem Haushalt Handwerker mit Renovierungs-, Erhaltungs- und Modernisierungsmaßnahmen beauftragen, können Sie 20 Prozent der Aufwendungen – höchstens 1.200 EUR – direkt von der Steuerschuld abziehen. Zum Nachweis müssen Sie dem Finanzamt grundsätzlich weder die Rechnung noch einen Einzahlungsbeleg Ihrer Bank vorlegen. Allerdings müssen Sie diese Unterlagen zum Nachweis zur Verfügung haben. In der Praxis empfiehlt es sich stets, dem Finanzamt die Rechnung vorzulegen. Dabei ist wichtig, dass **nur der Arbeitslohn** des Handwerkers berücksichtigt wird. Die Materialkosten können in diesem Zusammenhang steuerlich nicht abgezogen werden. Zahlen Sie unbedingt unbar auf das Konto des Handwerkers. Nur dann erfüllen Sie alle Anforderungen für die steuerliche Anerkennung.

> **Praxis-Tipp:**
>
> Als Selbstständiger können Sie beispielsweise auch den Ehegatten im eigenen Betrieb mit einem 450-Euro-Job anstellen. Dadurch können Sie eine günstige Krankenversicherung realisieren. Wenn Sie steuerlich alle Vorteile ausschöpfen, können Sie unter dem Strich bares Geld sparen. Fragen Sie Ihren Steuerberater, wie Sie optimal vorgehen.

Welche Lohnunterlagen Sie führen müssen   **4**

Privathaushalte sind von der Führung von Entgeltunterlagen freigestellt (§ 28f Abs. 1 Satz 2 SGB IV). Zum sicheren Nachweis sollten Sie jedoch Ordnung in Ihren Unterlagen halten und folgende Belege aufbewahren:

Checkliste: Lohnunterlagen

- Angaben über das monatliche Arbeitsentgelt
- Angaben über die Beschäftigungsdauer
- Angaben über die regelmäßige wöchentliche Arbeitszeit und die tatsächlich geleisteten Arbeitsstunden
- Angaben über das Vorliegen weiterer Beschäftigungen (Dazu zählt die Bestätigung, dass dem Arbeitgeber die Aufnahme weiterer Beschäftigungen angezeigt wird.)
- die Feststellung der Minijob-Zentrale beziehungsweise des Rentenversicherungsträgers über das Vorliegen der Sozialversicherungspflicht
- der schriftliche Antrag des Arbeitnehmers, falls die Befreiung von der Rentenversicherungspflicht gewünscht wird; verwenden Sie dazu am besten das auf Seite 56 abgedruckte Muster

- der Antrag auf Befreiung von der Versicherungspflicht in der Rentenversicherung, auf den der Tag des Eingangs beim Arbeitgeber dokumentiert ist

- die schriftliche Meldung an die Minijob-Zentrale über den Eingang eines Antrags auf Befreiung von der Rentenversicherungspflicht in den Fällen einer verspäteten Meldung; das gilt auch bei Bestandsbeschäftigung

- Bescheide der zuständigen Einzugsstelle über die Feststellung des Bestehens oder Nichtbestehens von Versicherungspflicht

- die Bescheinigung „A 1" für Aushilfsbeschäftigungen von Saisonkräften aus einem EU-Mitgliedstaat sowie der Schweiz, Norwegen, Island und Liechtenstein

- die Erklärung des Beschäftigten über die Befreiung von der Versicherungspflicht bzw. der Nachweis der Krankenkasse über eine bestehende Familienversicherung

Sofern Sie kurzfristige Minijobs vergeben, sollten Sie zusätzlich auch diese Nachweise und Erklärungen ablegen:

- Angaben über eventuelle weitere kurzfristige Beschäftigungen im Kalenderjahr vor Beginn der zu beurteilenden Beschäftigung sowie die Bestätigung, dass dem Arbeitgeber die Aufnahme weiterer Beschäftigungen angezeigt wird

- Angaben über den „Status" des Arbeitnehmers, das heißt, hier müssen Sie beispielsweise vermerken: „Hausfrau", „Schüler", „Student", „freiwillig Wehrdienstleistender", „Bundesfreiwilligendienstleister", „beschäftigungsloser Ausbildung- oder Arbeitsuchender", „Rentner"

Der Midijob: Gleitzone/Übergangsbereich

5

Was bedeuten „Gleitzone", „Übergangsbereich" und „Midijob"?

Einfacher wird das Verfahren durch die Gleitzone nicht. Wohl aber der Übergang vom 450-Euro-Job in die normale Versicherungspflicht. Denn auch wenn Sie die 450-Euro-Grenze überschreiten, können Sie noch innerhalb der Gleitzone von den Regelungen für Minijobs profitieren.

In dieser Gleitzone spricht man dann von einem „Midi"-Job. Arbeitsentgelte über 450 EUR bis zur Grenze von 850 EUR liegen in einer sogenannten Gleitzone. Ab dem 01.07.2019 heißt die bisherige „Gleitzone" „Übergangsbereich" und geht bis zu einer Obergrenze von 1.300 EUR. Das ist nichts anderes als eine Progressionszone. In der Gleitzone unterliegen die Arbeitsentgelte grundsätzlich der Versicherungspflicht in allen Zweigen der Sozialversicherung. Allerdings wird in der Gleitzone bei der Beitragsbemessung ein reduziertes Entgelt zugrunde gelegt.

Als Arbeitgeber zahlen Sie für das gesamte Entgelt grundsätzlich den vollen Arbeitgeberanteil: Sie zahlen die Hälfte des gesamten Sozialversicherungsbeitrags.

Als Arbeitnehmer zahlen Sie nur einen reduzierten Beitragsanteil zur Sozialversicherung. Am Ende der Gleitzone zahlen Sie den vollen Arbeitnehmeranteil, der dann ebenfalls die Hälfte des gesamten individuellen Sozialversicherungsbeitrags beträgt.

Praxis-Tipp:
Zwischen 450,01 EUR und 850 EUR bzw. 1.300 EUR (ab 01.07.2019) können Sie in der Gleitzone profitieren.

Hinweis: Im Ergebnis soll die Gleitzone bzw. der Übergangsbereich sicherstellen, dass die sogenannte Niedriglohnschwelle beseitigt wird. Ohne eine besondere Regelung in der Gleitzone würde die Beitragsbelastung zu einem abrupten Anstieg auf die vollen Sozialversicherungsbeiträge führen, sobald die Geringfügigkeitsgrenze überschritten würde. Mit der Gleitzonenregelung steigt der Anteil des Arbeitnehmers an der Sozialversicherung dagegen progressiv an.

Der Arbeitgeber muss die Sozialversicherungsbeiträge auch dann leisten, wenn der Arbeitnehmer mehrere Beschäftigungen ausübt. Das setzt voraus, dass der Arbeitnehmer den Arbeitgeber darüber informiert. Dazu ist der Arbeitnehmer verpflichtet. Darüber hinaus sind aber auch die Krankenkassen verpflichtet, den Arbeitgebern das Gesamtarbeitsentgelt mitzuteilen, wenn das Arbeitsentgelt aus mehreren versicherungspflichtigen Beschäftigungen in der Summe innerhalb der Gleitzone liegt. Damit sind die jeweiligen Arbeitgeber in der Lage, den auf ihre Beschäftigung entfallenden Anteil der beitragspflichtigen Einnahme festzustellen und hiervon Gesamtsozialversicherungsbeiträge und Umlagen zu berechnen.

Bestandsschutzregelung

Sofern Beschäftigungsverhältnisse bereits vor dem 01.01.2013 bestanden haben, waren Bestandsschutzregelungen vorgesehen. In diesen Fällen galt die alte Gleitzone bei einem Arbeitsentgelt von 400,01 EUR bis 800 EUR für eine Übergangszeit bis zum 31.12.2014 weiter. Das bedeutet: Arbeitnehmer, die am 31.12.2012 bereits eine Beschäftigung mit einem regelmäßigen Arbeitsentgelt zwischen 400,01 EUR und 450 EUR ausübten, bleiben nach der bisherigen Gleitzonenregelung in allen Zweigen der Sozialversicherung beitragspflichtig. Die Bestandsschutzregelung gilt nur, solange das Arbeitsentgelt den Betrag von 450 EUR nicht übersteigt.

Im Rahmen des Bestandsschutzes blieb die Versicherungspflicht in der Kranken-, Pflege- und Arbeitslosenversicherung längstens bis zum 31.12.2014 grundsätzlich erhalten. In der Kranken- und Pflegeversicherung gilt dies jedoch nur dann, wenn keine Familienversicherung besteht. Als Arbeitnehmer können Sie sich von der Versicherungspflicht befreien lassen, wenn Sie aufgrund der Bestandsschutzregelungen kranken-, pflege- und arbeitslosenversicherungspflichtig sind. Allerdings besteht in der Rentenversicherung die Versicherungspflicht über den 31.12.2012 hinaus. Hier ist eine Befreiung von der Versicherungspflicht erst ab dem 01.01.2015 möglich.

Hinweis: Die Bestandsschutzregelung gilt in der Rentenversicherung nur, wenn Sie als Arbeitnehmer nicht auf die Reduzierung

5

des Arbeitnehmerbeitrags verzichten. Sofern Sie als Arbeitnehmer darauf verzichten, die Gleitzonenregelung anzuwenden, tragen Sie gemeinsam mit dem Arbeitgeber jeweils die Hälfte des Beitrags.

Beiträge in der Gleitzone – so rechnen Sie richtig

Für die Beitragsberechnung ergeben sich innerhalb der Gleitzone besondere Regelungen. Sie gelten für die Kranken-, Pflege-, Renten- und Arbeitslosenversicherung. Sie als Arbeitgeber haben Ihren „vollen" Beitragsanteil in den einzelnen Versicherungszweigen zu zahlen. Dagegen haben Sie als Arbeitnehmer jedoch nur einen reduzierten Beitragsanteil zu leisten.

Als Arbeitnehmer profitieren Sie von dem geringeren Anteil, weil bei der Beitragsberechnung eine reduzierte beitragspflichtige Einnahme zugrunde gelegt wird. Hierbei handelt es sich um die sogenannte Beitragsbemessungsgrundlage.

5

Wichtig: Zur Berechnung des Arbeitnehmeranteils wird also nicht das tatsächlich erzielte Arbeitsentgelt zu Grunde gelegt, sondern ein Betrag, der nach der sogenannten Gleitzonenformel berechnet wird.

Zugegeben: Die Gleitzonenformel sieht auf den ersten Blick ziemlich kompliziert aus. Allerdings kommt man mit den Grundrechenarten aus.

Die Formel lautet:

$$\text{Beitragsbemessungsgrundlage}$$
$$= F \times 450 + \left(\left[\frac{850}{850 - 450} \right] - \left[\frac{450}{850 - 450} \right] \times F \right) \times (AE - 450)$$
$$= F \times 450 + (2{,}125 - F \times 1{,}125) \times (AE - 450)$$

AE =   Monatliches Arbeitsentgelt

F =   Faktor, der sich ergibt, wenn der Wert 30 Prozent durch
       den Gesamtsozialversicherungsbeitragssatz des Kalender-
       jahrs, in dem der Anspruch auf das Arbeitsentgelt entstan-
       den ist, geteilt wird. Der Gesamtsozialversicherungsbei-
       tragssatz eines Jahres ergibt sich aus der Summe der zum
       01.01. desselben Kalenderjahres geltenden Beitragssätze in
       der allgemeinen Rentenversicherung, in der gesetzlichen
       Pflegeversicherung sowie in der Arbeitslosenversicherung
       und des um den durchschnittlichen Zusatzbeitragssatz
       erhöhten allgemeinen Beitragssatzes in der gesetzlichen
       Krankenversicherung. Der Gesamtsozialversicherungs-
       beitragssatz und der Faktor F sind vom Bundesministerium
       für Arbeit und Soziales bis zum 31.12. eines Jahres für das
       folgende Kalenderjahr im Bundesanzeiger bekanntzuge-
       ben.

Am 01.01.2019 setzt sich der Gesamtsozialversicherungsbeitrags-
satz wie folgt zusammen:

Krankenversicherung (einschl. Zusatz- beitrag 0,9 %)	15,50 %
Pflegeversicherung	3,05 %
Rentenversicherung	18,60 %
Arbeitslosenversicherung	2,50 %
Gesamtsozialversicherungsbeitragssatz	**39,65 %**

Der Faktor F ist für das Kalenderjahr 2019 somit wie folgt zu berechnen:

$$F = \frac{30\ \%}{39{,}65\ \%} = 0{,}7566$$

Somit lässt sich die komplizierte Formel für 2019 auch verkürzt
darstellen:

$$\text{Beitragspflichtige Einnahme} = 1{,}2738 \times \text{Arbeitsentgelt} - 232{,}75$$

Aus der nachstehenden Tabelle ergibt sich, in welchem Umfang das Arbeitsentgelt in der Gleitzone zur Beitragsermittlung reduziert wird. Die Tabelle gilt für das Jahr 2019.

Arbeitsentgelt	Beitragspflichtige Einnahmen
451,00 EUR	341,75 EUR
460,00 EUR	353,22 EUR
470,00 EUR	365,96 EUR
480,00 EUR	378,69 EUR
490,00 EUR	391,43 EUR
500,00 EUR	404,17 EUR
510,00 EUR	416,91 EUR
520,00 EUR	429,65 EUR
530,00 EUR	442,38 EUR
540,00 EUR	455,12 EUR
550,00 EUR	467,86 EUR
560,00 EUR	480,60 EUR
570,00 EUR	493,34 EUR
580,00 EUR	506,07 EUR
590,00 EUR	518,81 EUR
600,00 EUR	531,55 EUR
610,00 EUR	544,29 EUR
620,00 EUR	557,03 EUR
630,00 EUR	569,76 EUR
640,00 EUR	582,50 EUR
650,00 EUR	595,24 EUR
660,00 EUR	607,98 EUR
670,00 EUR	620,72 EUR
680,00 EUR	633,45 EUR
690,00 EUR	646,19 EUR
700,00 EUR	658,93 EUR
710,00 EUR	671,67 EUR
720,00 EUR	684,41 EUR
730,00 EUR	697,14 EUR
740,00 EUR	709,88 EUR
750,00 EUR	722,62 EUR
760,00 EUR	735,36 EUR
770,00 EUR	748,10 EUR
780,00 EUR	760,83 EUR

5

Arbeitsentgelt	Beitragspflichtige Einnahmen
790,00 EUR	773,57 EUR
800,00 EUR	786,31 EUR
810,00 EUR	799,05 EUR
820,00 EUR	811,79 EUR
830,00 EUR	824,52 EUR
840,00 EUR	837,26 EUR
850,00 EUR	850,00 EUR

Neu: Übergangsbereich und Erhöhung der Obergrenze ab 01.07.2019

Ab dem 01.07.2019 gilt eine neue Obergrenze der vergünstigten Beitragsbelastung für Arbeitnehmer im Midijob. Sie erhöht sich von 850 EUR auf 1.300 EUR. Ab diesem Zeitpunkt spricht der Gesetzgeber nicht mehr von der Gleitzone, sondern vom Übergangsbereich".

5

Gleichzeitig gilt dann eine neue Formel, mit der Sie das beitragspflichtige Arbeitsentgelt zur Berechnung des Gesamtsozialversicherungsbeitrags ermitteln können. Sie lautet:

$$
\begin{aligned}
&\text{Beitragsbemessungsgrundlage} \\
&= F \times 450 + \left(\left[\frac{1.300}{1.300 - 450} \right] - \left[\frac{450}{1.300 - 450} \right] \times F \right) \times (AE - 450) \\
&= F \times 450 + (1{,}529 - F \times 0{,}529) \times (AE - 450)
\end{aligned}
$$

Der Faktor richtet sich unverändert an der Höhe des Gesamtsozialversicherungsbeitrags aus.

Danach ergibt sich folgende Tabelle für den Midijob.

Der Faktor beträgt im Jahr 2019 durchgängig 0,7566. Der Faktor bleibt also nach dem 01.07.2019 maßgebend. Im Jahr 2018 betrug der Faktor 0,7547.

Die gekürzte Gleitzonenformel lautet ab dem 01.07.2019 somit:

$$\text{Beitragsbemessungs-} \atop \text{grundlage} = 1{,}2738 \times \text{Arbeitsentgelt} - 232{,}75$$

Lesen Sie das beitragspflichtige Arbeitsentgelt aus der nachstehenden Tabelle, gültig ab 01.07.2019 ab:

Arbeitsentgelt	Beitragspflichtige Einnahmen
451,00 EUR	341,61 EUR
460,00 EUR	351,77 EUR
470,00 EUR	363,06 EUR
480,00 EUR	374,34 EUR
490,00 EUR	385,63 EUR
500,00 EUR	306,92 EUR
510,00 EUR	408,21 EUR
520,00 EUR	419,50 EUR
530,00 EUR	430,79 EUR
540,00 EUR	442,08 EUR
550,00 EUR	453,36 EUR
560,00 EUR	464,65 EUR
570,00 EUR	475,94 EUR
580,00 EUR	487,23 EUR
590,00 EUR	498,52 EUR
600,00 EUR	509,81 EUR
610,00 EUR	521,09 EUR
620,00 EUR	532,38 EUR
630,00 EUR	543,67 EUR
640,00 EUR	554,96 EUR
650,00 EUR	566,25 EUR
660,00 EUR	577,54 EUR
670,00 EUR	588,83 EUR
680,00 EUR	600,11 EUR
690,00 EUR	611,40 EUR
700,00 EUR	622,69 EUR
710,00 EUR	633,98 EUR
720,00 EUR	645,27 EUR
730,00 EUR	656,56 EUR
740,00 EUR	667,85 EUR

5

Arbeitsentgelt	Beitragspflichtige Einnahmen
750,00 EUR	679,13 EUR
760,00 EUR	690,42 EUR
770,00 EUR	701,71 EUR
780,00 EUR	713,00 EUR
790,00 EUR	724,29 EUR
800,00 EUR	735,58 EUR
810,00 EUR	746,86 EUR
820,00 EUR	758,15 EUR
830,00 EUR	769,44 EUR
840,00 EUR	780,73 EUR
850,00 EUR	792,02 EUR
860,00 EUR	803,31 EUR
870,00 EUR	814,60 EUR
880,00 EUR	825,88 EUR
890,00 EUR	837,17 EUR
900,00 EUR	848,46 EUR
910,00 EUR	859,75 EUR
920,00 EUR	871,04 EUR
930,00 EUR	882,33 EUR
940,00 EUR	893,61 EUR
950,00 EUR	904,90 EUR
960,00 EUR	916,19 EUR
970,00 EUR	927,48 EUR
980,00 EUR	938,77 EUR
990,00 EUR	950,06 EUR
1.000,00 EUR	961,35 EUR
1.010,00 EUR	972,63 EUR
1.020,00 EUR	983,92 EUR
1.030,00 EUR	995,21 EUR
1.040,00 EUR	1.006,50 EUR
1.050,00 EUR	1.017,79 EUR
1.060,00 EUR	1.029,08 EUR
1.070,00 EUR	1.040,36 EUR
1.080,00 EUR	1.051,65 EUR
1.090,00 EUR	1.062,94 EUR
1.100,00 EUR	1.074,23 EUR
1.110,00 EUR	1.085,52 EUR

5

Arbeitsentgelt	Beitragspflichtige Einnahmen
1.120,00 EUR	1.096,81 EUR
1.130,00 EUR	1.108,10 EUR
1.140,00 EUR	1.119,38 EUR
1.150,00 EUR	1.130,67 EUR
1.160,00 EUR	1.141,96 EUR
1.170,00 EUR	1.153,25 EUR
1.180,00 EUR	1.164,54 EUR
1.190,00 EUR	1.175,83 EUR
1.200,00 EUR	1.187,12 EUR
1.210,00 EUR	1.198,40 EUR
1.220,00 EUR	1.209,69 EUR
1.230,00 EUR	1.220,98 EUR
1.240,00 EUR	1.232,27 EUR
1.250,00 EUR	1.243,56 EUR
1.260,00 EUR	1.254,85 EUR
1.270,00 EUR	1.266,13 EUR
1.280,00 EUR	1.277,42 EUR
1.290,00 EUR	1.288,71 EUR
1.300,00 EUR	1.300,00 EUR

5

Gesamtbeitrag richtig berechnen

Nachdem Sie das Bemessungsentgelt berechnet haben, kann auch der Beitrag zur Sozialversicherung leicht berechnet werden.

Der gesamte Sozialversicherungsbeitrag berechnet sich wie folgt:

Bemessungsentgelt × Beitragssatz Sozialversicherung = Gesamtbeitrag

Sie können allerdings auch den Beitrag für einen einzelnen Zweige der Sozialversicherung berechnen, zum Beispiel den Beitrag für die Renten-, Arbeitslosen-, Kranken- oder Pflegeversicherung:

Bemessungsentgelt × Beitragssatz des Versicherungszweigs = Beitrag

Die reduzierten Arbeitsentgelte können Sie auch ohne die mathematische Formel ermitteln. Nutzen Sie dazu einfach einen Gleitzonenrechner, den Sie kostenlos downloaden können unter:

www.deutsche-rentenversicherung.de oder unter: www.minijob-zentrale.de

Praxis-Tipp:

Den Arbeitnehmeranteil berechnen Sie zuletzt. Berechnen Sie dazu zunächst den Arbeitgeberanteil, der vom tatsächlichen Arbeitsentgelt abhängt. Der Unterschiedsbetrag zwischen dem Gesamtbeitrag und dem Arbeitgeberanteil ist der Anteil des Arbeitnehmers.

Beispiel:

Im März 2019 beträgt das Arbeitsentgelt eines Midijobs 700 EUR.

Es ergeben sich folgende Berechnungsergebnisse:

	Arbeit-nehmer	Arbeit-geber	Gesamt
Beitragspflichtiges Arbeitsentgelt	658,93 EUR	700,00 EUR	
Krankenversicherung (14,6 %)	45,10 EUR	51,10 EUR	96,20 EUR
Zusatzbeitrag Kranken-versicherung (0,9 %)	2,79 EUR	3,15 EUR	5,94 EUR
Pflegeversicherung	11,07 EUR	10,68 EUR	21,75 EUR
Rentenversicherung	57,46 EUR	65,10 EUR	122,56 EUR
Arbeitslosenversicherung	7,73 EUR	8,75 EUR	16,48 EUR
Summe	**124,15 EUR**	**138,78 EUR**	**262,93 EUR**

Die Umlagen U1 und U2 sind in dem vorstehenden Beispiel nicht ausgewiesen worden.

Beitragspflichtige Einnahmen bei Teilmonaten

Wenn das Arbeitsentgelt nicht für einen vollen Kalendermonat erzielt wird, gelten besondere Regeln. Die Gründe hierfür können unterschiedlich sein. Der häufigste Fall in der Praxis dürfte die Aufnahme bzw. das Ende der Beschäftigung im Laufe eines Kalendermonats sein. In diesen Fällen ist lediglich die anteilige Einnahme beitragspflichtig. Diese berechnen Sie, indem Sie von der monatlichen beitragspflichtigen Einnahme ausgehen.

Nutzen Sie dazu die folgende Formel zur Umrechnung des anteiligen – tatsächlich erzielten – Arbeitsentgelts in das monatliche Arbeitsentgelt, das als beitragspflichtige Einnahme anzusetzen ist:

$$\text{Beitragspflichtige Einnahme} = \frac{\text{Anteiliges Arbeitsentgelt} \times 30}{\text{Kalendertage}}$$

Nachdem Sie das monatliche Arbeitsentgelt berechnet haben, können Sie die beitragspflichtige Einnahme unter Berücksichtigung der Gleitzonenformel ermitteln.

Die anteilige beitragspflichtige Einnahme ergibt sich anschließend aus der nachstehenden Formel:

$$\text{Anteilige beitragspflichtige Einnahme} = \frac{\text{Monatliche beitragspflichtige Einnahme} \times \text{Kalendertage}}{30}$$

Hinweis: In diesen Fällen ist es gleichgültig, dass das anteilige Arbeitsentgelt unterhalb der Gleitzonengrenze liegt.

Beispiel:

Ihr monatliches Arbeitsentgelt beträgt 650 EUR. Die Beschäftigung wird am 12.06. beendet. Im Juni erhalten Sie lediglich ein Arbeitsentgelt von 260 EUR.

Die monatliche beitragspflichtige Einnahme berechnet sich wie folgt:

Beitragspflichtige
Einnahme [lt. Tabelle Seite 116] $= 595{,}24$ EUR

Die anteilige beitragspflichtige Einnahme ergibt sich für den Monat November (zwölf Tage) nach der oben stehenden Formel:

Anteilige beitragspflichtige Einnahme $= \dfrac{595{,}24 \text{ EUR} \times 12}{30} = 238{,}10$ EUR

Vorsicht: Ausnahmen!

Die Gleitzone gilt nicht in allen Fällen. Für bestimmte Beschäftigungsverhältnisse sieht das Gesetz ausdrücklich Ausnahmen vor. Die Gründe für die Ausnahmen liegen meistens in der Art der Beschäftigung. Denn ein Ausbildungsverhältnis hat im Grunde nichts mit den Regelungen eines Minijobs zu tun, obwohl die Ausbildungsvergütung durchaus im Gleitzonenbereich liegen kann.

Die Regelungen zur Gleitzone bzw. zum Übergangsbereich gelten nicht für:

- Auszubildende
- Praktikanten
- Teilnehmer am freiwilligen sozialen oder freiwilligen ökologischen Jahr, weil der Arbeitgeber die Beiträge allein zu tragen hat
- Teilnehmer an dualen Studiengängen
- Teilnehmer am Bundesfreiwilligendienst
- Umschüler, die den zu ihrer Berufsausbildung Beschäftigten gleichgestellt sind, wenn die Umschulung für einen anerkannten Ausbildungsberuf erfolgt und nach den Vorschriften des Berufsbildungsgesetzes durchgeführt wird

- Kurzarbeiter; hierzu gehören insbesondere versicherungspflichtige Arbeitnehmer, deren monatliches Arbeitsentgelt regelmäßig mehr als 850 EUR (ab 01.07.2019: 1.300 EUR) beträgt und nur wegen konjunktureller oder saisonaler Kurzarbeit soweit gemindert ist, dass das tatsächlich erzielte Arbeitsentgelt (Ist-Entgelt) die obere Gleitzonengrenze von 850 EUR bzw. die obere Grenze des Übergangsbereichs von 1.300 EUR (ab 01.07.2019) unterschreitet

- Vorruhestandsgeldbezieher, wenn nicht das Arbeitsentgelt vor dem Vorruhestand, sondern lediglich das Vorruhestandsgeld in die Gleitzone fällt

- Arbeitsentgelte für Wiedereingliederungsmaßnahmen nach einer Arbeitsunfähigkeit

- Arbeitsentgelt, das im Rahmen von Wertguthabenvereinbarungen in das Wertguthaben eingebracht wird, wie zum Beispiel bei Altersteilzeitarbeit

- Beschäftigungen behinderter Menschen in anerkannten Werkstätten für Menschen mit Behinderung, wenn bei den Beschäftigungen für die Beitragsberechnung fiktive Arbeitsentgelte zugrunde gelegt werden

- Diakonissen, wenn bei den Beschäftigungen für die Beitragsberechnung fiktive Arbeitsentgelte zugrunde gelegt werden

- Mitglieder geistlicher Genossenschaften, wenn bei den Beschäftigungen für die Beitragsberechnung fiktive Arbeitsentgelte zugrunde gelegt werden

- Angehörige ähnlicher Gemeinschaften, wenn bei der Beschäftigung für die Beitragsberechnung fiktive Arbeitsentgelte zugrunde gelegt werden

5

Praxis-Tipp:

Um die Gleitzonenregelung bzw. ab 01.07.2019 den Übergangsbereich anwenden zu können, gilt, dass die obere Grenze von 850 EUR bzw. 1.300 EUR „regelmäßig" nicht überschritten wird.

Erstattung der Arbeitgeberaufwendungen im Ausgleichsverfahren

6

So werden Ihre Aufwendungen erstattet

Die Pflicht des Arbeitgebers, dem Minijobber sein Entgelt auch bei Krankheit weiterzuzahlen, hat der Gesetzgeber entschärft. Als Arbeitgeber können Sie eine Erstattung der Aufwendungen beantragen. Dies erfolgt im sogenannten Ausgleichsverfahren.

Wenden Sie sich als Arbeitgeber an die Minijob-Zentrale. Sie ist für alle geringfügig Beschäftigten die zuständige Lohnausgleichskasse. Dabei spielt es keine Rolle, bei welcher Krankenkasse die Krankenversicherung besteht.

Was Arbeitgeber wissen müssen

Maßgebend ist das „Gesetz über den Ausgleich der Arbeitgeberaufwendungen", kurz AAG. Danach können Sie sich als Arbeitgeber die Kosten erstatten lassen, die Ihnen wegen Krankheit beziehungsweise Schwangerschaft oder Mutterschaft von Arbeitnehmerinnen oder Arbeitnehmern entstehen.

Unterscheiden Sie die beiden folgenden Ausgleichsverfahren:

- Ausgleichsverfahren bei Krankheit „U1"
- Ausgleichsverfahren bei Schwangerschaft/Mutterschaft „U2"

Das Ausgleichsverfahren U1 ist für Arbeitgeber mit kleineren und mittleren Betrieben vorgesehen. Ob diese Voraussetzung erfüllt ist, hängt von der Anzahl der Mitarbeiter ab. Der Betrieb darf im Vorjahr des zu beurteilenden Kalenderjahres für mindestens acht Kalendermonate nicht mehr als 30 Mitarbeiter beschäftigt haben.

Bei der Berechnung werden grundsätzlich alle Beschäftigten des Betriebs einbezogen.

Nicht mitgezählt werden insbesondere:

- Auszubildende
- Volontäre
- Praktikanten
- Schwerbehinderte Menschen
- Bezieher von Vorruhestandsgeld

6

- freiwillig Wehrdienstleistende
- Bundesfreiwilligendienstleistende

Berücksichtigung von Teilzeitbeschäftigten	
Teilzeitbeschäftigte mit regelmä-ßiger wöchentlicher Arbeitszeit	werden berücksichtigt mit einem Faktor von
von bis zu 30 Stunden	0,75
von bis zu 20 Stunden	0,5
von bis zu 10 Stunden	0,25

Bereits seit dem 01.01.2006 nehmen alle Arbeitgeber am Ausgleichsverfahren U2 teil. Auf die Betriebsgröße kommt es nicht an.

Hinweis: Für eine kurzfristige Beschäftigung fällt der Umlagesatz für die U1 nur dann an, wenn die Beschäftigung länger als vier Wochen dauert. Dagegen sind kurzfristige Beschäftigungen beim Umlagesatz U2 (Mutterschaftsleistungen) uneingeschränkt umlagepflichtig.

Diese Kosten werden erstattet

Sofern Ihr Arbeitnehmer krank ist, müssen Sie das Arbeitsentgelt grundsätzlich für längstens 42 Tage fortzahlen. Das gilt auch, wenn Ihr Arbeitnehmer infolge einer medizinischen Vorsorge- bzw. Rehabilitationsmaßnahme seine Arbeitsleistung nicht erbringen kann. Als Arbeitgeber erhalten Sie allerdings keine Erstattung für Aufwendungen, die Sie für die ersten 28 Tage eines Beschäftigungsverhältnisses erbracht haben.

Die Lohnausgleichskasse erstattet in diesen Fällen für Arbeitnehmer und Auszubildende 80 Prozent des fortgezahlten Bruttoarbeitsentgelts. Einmalzahlungen werden nicht einbezogen.

6

Den Antrag sofort stellen

Liquidität ist für jeden Arbeitgeber besonders wichtig. Stellen Sie deshalb den Antrag sofort, nachdem Sie das Entgelt weitergezahlt haben.

Als Arbeitgeber müssen Sie das elektronische Erstattungsverfahren nutzen. Dies gilt nach dem Aufwendungsausgleichsgesetz

(AAG) bereits seit dem 01.01.2011. Das setzt voraus, dass Sie die Daten mittels zugelassener systemgeprüfter Programme übermitteln. Sie brauchen daher ein Entgeltabrechnungsprogramm.

Hinweis: Bevor Sie Ihr Programm erstmalig nutzen, sollten Sie als Arbeitgeber Ihren Softwarehersteller fragen, ob das Entgeltabrechnungsprogramm den maschinellen Datenaustausch unterstützt.

Falls Sie als Arbeitgeber kein systemgeprüftes Entgeltabrechnungsprogramm verwenden, gibt es eine günstige Alternative: Nutzen Sie die kostenfreie Software „sv.net". Dabei ist „sv.net" die Abkürzung für „Sozialversicherung im Internet". Hierbei handelt es sich um ein Produkt der Informationstechnischen Servicestelle der gesetzlichen Krankenversicherung – ITSG GmbH. Damit soll es Ihnen als Arbeitgeber erleichtert werden, unkompliziert Meldungen und Beitragsnachweise an die Minijob-Zentrale maschinell zu erstellen und zu übermitteln.

Hinweis: Das Programm in der Version „sv.net/classic" bietet Ihnen außerdem die Möglichkeit, Erstattungsanträge elektronisch zu übermitteln.

6 Die Kosten der Lohnumlageversicherung

So angenehm die Erstattung der Entgeltfortzahlung auch ist, sie hat ihren Preis. Die für die Erstattung erforderlichen Mittel werden durch Umlagen bereitgestellt. Diese Umlagen zahlen Sie als Arbeitgeber, wenn Sie an dem Verfahren teilnehmen.

Wichtig: Keine Erstattung erhalten Sie als Arbeitgeber für Arbeitnehmerinnen und Arbeitnehmer, deren Beschäftigungsverhältnis von vornherein auf bis zu vier Wochen befristet ist und bei denen wegen der Art des Beschäftigungsverhältnisses kein Anspruch auf Entgeltfortzahlung im Krankheitsfall entstehen kann.

Es gelten folgende Umlagesätze und Ausgleichszahlungen:

Umlage 1 (Krankheit)	Umlage 2 (Schwangerschaft oder Mutterschaft)
Die Umlage beträgt 0,9 Prozent.	Die Umlage beträgt 0,24 Prozent.
Die Erstattung beträgt 80 Prozent der Entgeltfortzahlung nach dem Entgeltfortzahlungsgesetz.	Die Erstattung beträgt 100 Prozent des Mutterschutzlohns bzw. des Zuschusses zum Mutterschaftsgeld nach dem Mutterschutzgesetz.

Praxis-Tipp:

- Die Umlagen entrichten Sie als Arbeitgeber zusammen mit den übrigen Abgaben an die Minijob-Zentrale.

- Ihre Arbeitgeberaufwendungen werden Ihnen ausschließlich auf Antrag nach geleisteter Entgeltfortzahlung erstattet. Wenn Sie die Beitragsnachweise einreichen, haben Sie die Möglichkeit, die Erstattungsbeiträge von der Beitragsschuld abzuziehen. Einen Antrag müssen Sie allerdings auch in diesem Fall stellen. Das Guthaben wird im Übrigen erst erstattet werden, wenn es bewilligt ist.

6

Insolvenzgeldumlage

Die Mittel für die Zahlung des Insolvenzgeldes werden durch eine monatliche Umlage von den Arbeitgebern aufgebracht. Die Insolvenzgeldumlage wird von der Minijob-Zentrale eingezogen.

Die Umlagepflicht des Arbeitgebers ergibt sich kraft Gesetz. Sie erhalten als Arbeitgeber daher keinen förmlichen Bescheid.

In folgenden Fällen wird die Insolvenzgeldumlage **nicht** fällig:

- Arbeitgeber der öffentlichen Hand
- Arbeitgeber in Privathaushalten

Bemessungsgrundlage

Der Umlagesatz für das **Jahr 2019** beträgt 0,06 Prozent des Arbeitsentgelts.

Für rentenversicherungsfreie geringfügig entlohnte sowie kurzfristige Beschäftigungen ist für die Berechnung der Insolvenzgeldumlage das Arbeitsentgelt maßgebend, nach dem die Rentenversicherungsbeiträge im Falle des Bestehens von Rentenversicherungspflicht zu bemessen wären. Maßgebend ist somit das tatsächliche Arbeitsentgelt. Bei schwankendem Arbeitsentgelt im Rahmen einer geringfügig entlohnten Beschäftigung gehört dazu auch der die 450-Euro-Grenze überschreitende Betrag.

Beispiel:

Bei einem in der gesetzlichen Krankenversicherung versicherten Beschäftigten, dessen Arbeitgeber die Umlagen U1 und U2 sowie die Insolvenzgeldumlage zahlt, ergeben sich unter Berücksichtigung der Pauschsteuer von 2 Prozent bei einem monatlichen Verdienst von 450 EUR folgende Beiträge:

Beiträge zur Kranken-versicherung	13,0 %	58,50 EUR
Beiträge zur Renten-versicherung	15,0 %	67,50 EUR
Umlage U1	0,90 %	4,05 EUR
Umlage U2	0,24 %	1,08 EUR
Insolvenzgeldumlage	0,06 %	0,27 EUR
Pauschsteuer	2,0 %	9,00 EUR
Summe:		**140,40 EUR**

Beitragsübersicht

Die Minijob-Zentrale zieht einheitlich die folgenden Beiträge ein, so dass Sie nur mit einer Stelle zu tun haben.

Die Minijob-Zentrale

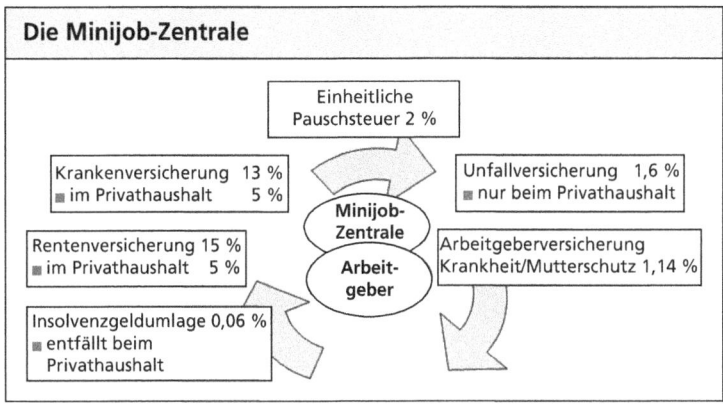

Einheitliche
Pauschsteuer 2 %

Krankenversicherung   13 %
■ im Privathaushalt   5 %

Unfallversicherung   1,6 %
■ nur beim Privathaushalt

Minijob-
Zentrale

Rentenversicherung 15 %
■ im Privathaushalt   5 %

Arbeit-
geber

Arbeitgeberversicherung
Krankheit/Mutterschutz 1,14 %

Insolvenzgeldumlage 0,06 %
■ entfällt beim
   Privathaushalt

6

Steuerrechtliche Besonderheiten

7

Alternativen bei der Lohnsteuer

Grundsätzlich sind alle 450-Euro-Jobs steuerpflichtig. Die Steuerfreiheit ist bereits zum 01.04.2003 weggefallen.

Dennoch gelten Sonderregelungen. Diese Alternativen sind möglich:

- den Minijob mit der einheitlichen Pauschsteuer von 2 Prozent versteuern lassen

- den Minijob mit der pauschalen Lohnsteuer von 20 Prozent versteuern lassen

- die Lohnsteuer für den Minijob nach den individuellen Merkmalen erheben lassen

Einheitliche Pauschsteuer von 2 Prozent

Mit dem einheitlichen Pauschsteuersatz von 2 Prozent ist nicht nur die Lohnsteuer abgegolten. Auch der Solidaritätszuschlag und die Kirchensteuer sind im einheitlichen Pauschsteuersatz enthalten.

Wichtig: Auch wenn Sie als Arbeitnehmer zu keiner Religionsgemeinschaft gehören, die Kirchensteuer erhebt, gilt der volle Pauschsteuersatz von 2 Prozent.

7 Die einheitliche Pauschsteuer von 2 Prozent kann der Arbeitgeber erheben. Das ist nur möglich, wenn eine geringfügig entlohnte Beschäftigung vorliegt, für die der Arbeitgeber Beiträge zur gesetzlichen Rentenversicherung von 15 Prozent oder 5 Prozent zahlt. Das gilt daher auch für geringfügig entlohnte Beschäftigungen in Privathaushalten. Entscheidend ist nur, dass der pauschale Beitrag zur gesetzlichen Rentenversicherung in Höhe von 15 Prozent oder 5 Prozent zu entrichten ist.

Praxis-Tipp:

Voraussetzung für eine Lohnsteuerpauschalierung ist das Vorliegen einer geringfügig entlohnten Beschäftigung. Das Steuerrecht knüpft damit an die Voraussetzungen des SGB IV an.

Pauschaler Lohnsteuersatz von 20 Prozent

Die Pauschsteuer von 2 Prozent ist ausgeschlossen, wenn für den Minijob keine pauschalen Beiträge zur gesetzlichen Rentenversicherung von 15 Prozent oder 5 Prozent zu entrichten sind. Liegen dennoch die Voraussetzungen eines Minijobs vor, können Sie als Arbeitgeber eine pauschale Lohnsteuer mit einem Steuersatz von 20 Prozent erheben.

> **Praxis-Tipp:**
>
> Obwohl ein Minijob vorliegt, ist der einheitliche Pauschsteuersatz von 2 Prozent ausgeschlossen, wenn keine pauschalen Beiträge zur gesetzlichen Rentenversicherung zu entrichten sind.

Neben der pauschalen Lohnsteuer von 20 Prozent des Arbeitsentgelts ist auch der Solidaritätszuschlag zu zahlen. Dieser beträgt 5,5 Prozent der Lohnsteuer. Außerdem ist die Kirchensteuer nach dem jeweiligen Landesrecht zu erheben.

Wichtig: Wenn die Voraussetzungen des Minijobs nicht mehr vorliegen, ist auch die Lohnsteuerpauschalierung ausgeschlossen.

So profitieren Sie von der Lohnsteuerpauschalierung

7

Bei der Pauschalierung der Lohnsteuer ist entscheidend, ob der Minijob bei der Sozialversicherung anerkannt werden kann. Anders als bei der Sozialversicherung können Sie bei der Pauschalierung der Lohnsteuer die 450-Euro-Grenze auf den einzelnen Arbeitgeber beziehen. Das hat einen entscheidenden Vorteil. Bei der Pauschalierung der Lohnsteuer erfolgt keine Zusammenrechnung des Arbeitsentgelts mit den anderen Arbeitgebern.

Vorteil: So können Sie die Lohnsteuer geschickt herunterdrücken.

So jonglieren Sie richtig

Die Pauschalierung der Lohnsteuer mit 20 Prozent ist nicht immer der richtige Weg: Liegt der Jahresarbeitslohn aus einem ersten Dienstverhältnis unterhalb des Betrags, für den in der

Steuerklasse II erstmals eine Lohnsteuer zu erheben ist, so ist eine Pauschalierung der Lohnsteuer mit 20 Prozent einfach zu teuer. Grund: Nach den individuellen Lohnsteuermerkmalen haben Sie gar nichts zu zahlen.

> **Praxis-Tipp:**
> In Zweifelsfällen wenden Sie sich an Ihren Steuerberater.

Besteuerung nach den individuellen Lohnsteuermerkmalen

Die pauschale Lohnsteuererhebung ist nicht zwingend. Die Lohnsteuer kann auch nach den individuellen Lohnsteuermerkmalen erhoben werden. In diesen Fällen hängt die Höhe der Lohnsteuer insbesondere von der Lohnsteuerklasse ab.

Anmeldung der Lohnsteuer

So funktioniert die einheitliche Pauschsteuer

Das ist eine Überraschung: Nicht das Finanzamt, sondern die Minijob-Zentrale bekommt die einheitliche Pauschsteuer von 2 Prozent des Arbeitsentgelts. Das gilt sowohl für Minijobs im Privathaushalt als auch für Minijobs bei anderen Arbeitgebern. Vorteil: Sie haben nur eine Stelle, an die Sie die Abgaben zahlen müssen.

Wichtig: Bei Minijobs in Privathaushalten gilt das Haushaltsscheckverfahren. Als Arbeitgeber müssen Sie in diesem Haushaltsscheck das Arbeitsentgelt angeben. Darüber hinaus müssen Sie als Arbeitgeber mitteilen, ob die Lohnsteuer mit der einheitlichen Pauschsteuer erhoben werden soll.

Gemäß Ihren Angaben berechnet die Minijob-Zentrale die einheitliche Pauschsteuer und zieht sie zusammen mit den Beiträgen zur Kranken- und Rentenversicherung ein.

Zahlungszeitpunkte

Für den Zeitraum vom 01.01. bis zum 30.06. werden die Beiträge eingezogen am	15.07.
Für den Zeitraum vom 01.07. bis zum 31.12. werden die Beiträge eingezogen am	15.01.

Praxis-Tipp:

Die Minijob-Zentrale berechnet nur bei Minijobs in Privathaushalten die einheitliche Pauschsteuer. Andere Arbeitgeber müssen die einheitliche Pauschsteuer selbst berechnen. In diesem Fall teilen Sie als Arbeitgeber der Minijob-Zentrale den Betrag im Beitragsnachweis mit.

So funktioniert die Pauschalbesteuerung

Anders als bei der einheitlichen Pauschsteuer (2 Prozent) müssen Sie bei der Lohnsteuerpauschalierung (20 Prozent) und bei der Besteuerung nach den individuellen Lohnsteuermerkmalen verfahren. Hier ist in allen Fällen das Betriebsstättenfinanzamt zuständig. Sofern Sie einen Minijob in Ihrem Privathaushalt anbieten, ist das Finanzamt zuständig, bei dem Sie zur Einkommensteuer veranlagt werden. Das ist regelmäßig Ihr Wohnsitzfinanzamt. Sofern Sie als Arbeitgeber einen Minijob in einem anderen Betrieb anbieten, ist das Finanzamt zuständig, in dessen Bezirk sich der Betrieb befindet.

7

Sowohl bei der pauschalen Lohnsteuer von 20 Prozent als auch bei der Besteuerung nach den individuellen Lohnsteuermerkmalen müssen Sie eine sogenannte Lohnsteueranmeldung abgeben. Die Lohnsteuer zahlen Sie an das Betriebsstättenfinanzamt. In diesen Fällen sollten Sie einen Steuerberater einschalten.

Praxis-Tipp:

Wenn Sie als Arbeitgeber dem Betriebsstättenfinanzamt mitteilen, dass Sie im Lohnsteuer-Anmeldungszeitraum keine Lohnsteuer einzubehalten oder zu übernehmen hatten, brauchen Sie keine Lohnsteueranmeldung abzugeben. Das kann beispielsweise der Fall sein, weil das Arbeitsentgelt nicht steuerbelastet ist. In Zweifelsfällen fragen Sie unbedingt Ihren Steuerberater oder das Finanzamt.

Eine normale Besteuerung nach individuellen Lohnsteuermerkmalen und die Pauschalbesteuerung durch den Arbeitgeber sind Möglichkeiten, die „schon immer" bekannt waren. Jedoch führen die beiden Möglichkeiten der Besteuerung zu unterschiedlichen Ergebnissen. In Abhängigkeit von der jeweils gewählten Variante kommt es zu unterschiedlichen Liquiditätsvorteilen.

Sofern der persönliche Einkommensteuersatz geringer ist als der pauschale Steuersatz von 20 Prozent des Arbeitslohns, gehen Sie als Arbeitnehmer folgendermaßen vor:

Verlangen Sie von Ihrem Arbeitgeber, dass er die Lohnsteuer nach den individuellen Lohnsteuermerkmalen abführt. Geben Sie anschließend das Entgelt in der Einkommensteuererklärung an. Unterm Strich zahlen Sie dann nur den – niedrigeren – individuellen Steuersatz.

Praxis-Tipp:

Das lohnt sich natürlich nur, wenn Ihr persönlicher Steuersatz unter 20 Prozent liegt. Grund: Mit der Pauschalbesteuerung ist alles erledigt. Sie brauchen das Entgelt nicht mehr innerhalb der Steuererklärung anzugeben. Allerdings können Sie sich auch die pauschal berechnete und abgeführte Steuer nicht anrechnen lassen.

7

Wichtig: Arbeitgeber und Arbeitnehmer sollten sich darüber verständigen, welche Möglichkeiten bestehen und in welcher Weise die sozialversicherungs- und steuerrechtlichen Verpflichtungen optimal erfüllt werden können.

Keine Bange vor der Steuererklärung

Die Einkommensteuererklärung ist bei weitem nicht so gefährlich, wie mancher meint. Erst im Rahmen der Veranlagung zur Einkommensteuer können Sie letztlich feststellen, ob Sie von der einbehaltenen Lohnsteuer etwas wieder zurückbekommen.

Praxis-Tipp:

Informieren Sie sich deshalb bei Ihrem Steuerberater, ob und wie Sie Ihre Steuern zurückbekommen.

7

Pauschale Abgaben bei Minijobs (2019)

	450-Euro-Minijobs	Minijobs in Privathaushalten	kurzfristige Minijobs
Pauschalbeiträge zur Krankenversicherung	13 %	5 %	keine Beiträge
Pauschalbeiträge zur Rentenversicherung	15 %	5 %	keine Beiträge
Beitragsanteil des Arbeitnehmers bei Versicherungspflicht in der Rentenversicherung*	3,6 %	13,6 %	keine Beiträge
Arbeitslosenversicherung	keine Abgabe	keine Abgabe	keine Abgabe
Einheitliche Pauschsteuer	2 %	2 %	steuerpflichtig
Umlage 1 bei Krankheit	0,9 %	0,9 %	0,9 %
Umlage 2 Schwangerschaft/Mutterschaft	0,24 %	0,24 %	0,24 %
Beiträge zur gesetzlichen Unfallversicherung	individuelle Beiträge	1,6 %	individuelle Beiträge (im Privathaushalt 1,6 %)
Insolvenzgeldumlage	0,06 %	keine Beiträge	0,06 % (im Privathaushalt keine Beiträge)

8

* Der volle Pflichtbeitrag in der Rentenversicherung beträgt 18,6 Prozent. Davon trägt der Arbeitgeber den jeweiligen Pauschalbeitrag zur Rentenversicherung. Der Arbeitnehmer zahlt den restlichen Beitrag. Somit zahlt der Arbeitgeber im gewerblichen Bereich 15 Prozent und der Arbeitnehmer die restlichen 3,6 Prozent. Im Privathaushalt zahlt der Arbeitgeber

5 Prozent und der Minijobber die restlichen 13,6 Prozent. Dabei darf ein Pflichtbeitrag von mindestens 175 EUR nicht unterschritten werden.

Die Geringfügigkeitsrichtlinien vom 28.11.2018 enthalten in der Anlage 1 die nachstehende Übersicht über die Entwicklung der Entgeltgrenze für geringfügig entlohnte Beschäftigungen und die darauf entfallenden Abgaben.

Zeitraum	Entgelt-grenze	Pauschalbeiträge AG		Beitragsanteil AN bei RV-Pflicht*	Umlagen			Einheitliche Pausch-steuer
		KV	RV		U1	U2	INSGU	
– 31.03.03	325 EUR	10 %	12 %	individuell				-
01.04.03 – 31.12.04	400 EUR	11 %	12 %	7,5 %	1,2 %	0,1 %	Einzug durch die UV-Träger	2 %
01.01.05 – 30.06.06								
01.07.06 – 31.12.06		13 %	15 %	4,5 %	0,1 %	0 %		
01.01.07 – 31.12.08								
01.01.09 – 31.12.09				4,9 %	0,6 %	0,07 %	0,1 %	
01.01.10 – 31.12.10							0,41 %	
01.01.11 – 31.12.11						0,14 %	0 %	
01.01.12 – 31.12.12				4,6 %			0,04 %	
01.01.13 – 31.12.14	450 EUR			3,9 %	0,7 %		0,15 %	
01.01.15 – 31.08.15						0,24 %		
01.09.15 – 31.12.15				3,7 %	1,0 %	0,3 %	0,12 %	
01.01.16 – 31.12.16								
01.01.17 – 31.12.17							0,09 %	
01.01.18 – 31.12.18				3,6 %	0,9 %	0,24 %	0,06 %	
01.01.19 -								

* Rentenversicherungspflicht aufgrund des Verzichts auf die Versicherungsfreiheit für Beschäftigungen, die vor dem 01.01.2013 begonnen haben bzw. kraft Gesetzes für Beschäftigungen, die nach dem 31.12.2012 aufgenommen wurden.

142

Stichwortverzeichnis

9

9

9

9

9